Luisa Francia · Die Magie des Ankommens

Luisa Francia

DIE MAGIE DES ANKOMMENS

*Ein spirituelles
Reisebuch zur Entdeckung
starker Orte*

nymphenburger

Besuchen Sie Luisa Francia im Internet unter www.salamandra.de
und die nymphenburger unter www.herbig.net

1. Auflage Januar 2000
2. Auflage Juni 2000
3. Auflage Dezember 2000

© 2000 nymphenburger in der F. A. Herbig
Verlagsbuchhandlung GmbH, München
Alle Rechte, auch der photomechanischen Vervielfältigung
und des auszugsweisen Abdrucks, vorbehalten.
Schutzumschlag: Wolfgang Heinzel
Schutzumschlagmotiv: Thangka aus Kathmandu, Luisa Francia
Satz: Schaber, Satz- und Datentechnik, Wels
Gesetzt aus 10,6/15,5 Punkt Trump Mediaeval
auf Macintosh in QuarkXPress
Druck und Binden: GGP Media, Pößneck
Printed in Germany
ISBN 3-485-00837-0

*Wer ankommt, kann reisen, muß
aber nicht. Wer im eigenen
Körper angekommen ist, in der
eigenen Traumhaut lebt, die eigenen
Traumpfade abwandert, ist
überall im Universum zu Hause.
Zeit spielt keine Rolle mehr,
Entfernungen werden unwichtig.*

INHALT

Einleitung
9

Im Gewebe der Geister
19

Die Schrecken des Reisens
37

Von Geistern getrieben
53

Die Öffnung aller Sinne
67

Verbinden, verbünden
81

Grenzerfahrungen
93

Geistreisen
109

Traumpfade – zu Hause
121

Die Magie des Ankommens
135

Märchen – eine schamanische Reise?
149

Glücklich reisen – ein paar Vorschläge
161

Dreizehn meiner Lieblingsreiseziele
177

Einleitung

Als ich geboren wurde und die Hebamme mich hochhob, kicherte ich. Die erste Reise auf diesem Planeten war gelungen. Kaum zwei Jahre später verging mir jedoch das Lachen. Wir zogen um, vom Erdgeschoß hinter dem Seilerladen meines Großvaters in den ersten Stock des Nachbarhauses. Ich schrie wie am Spieß. Die Sicherheit meiner Welt zerfiel, der Steintisch im Garten, der große Küchenofen, das dunkle Sofa, mein Hund Maxi, die Gartenlaube – alles verschwand im hektischen Getriebe dieses Umzugs für immer. Ich begriff die Notwendigkeit dieser Art von Fortbewegung nicht. Wozu muß man einen wundervollen Ort verlassen?
Das Trauma des Reisens blieb mir meine frühe Kindheit über (in den fünfziger Jahren) erspart, denn wir waren so arm, daß an Reisen nicht zu denken war. Mit dem Fahrrad zum Badesee oder zum Aussichtsturm, von dem aus die ferne Stadt München zu erträumen, jedoch nicht zu sehen war, blieb lange Zeit der Gipfel der Beweglichkeit. In Autos wurde mir regelmäßig schlecht, ich konnte mich an

eine derart schnelle Fortbewegung einfach nicht gewöhnen. Doch es gab die Bahnlinie. Da saßen wir zu dritt am Bahndamm, meine Schwester, unsere beste Freundin und ich, und träumten von der weiten Welt, von Italien. Denn dorthin fuhren die Züge, die an uns vorbeirasten.
Und ich dachte an die Geschichte meiner Großmutter, als Mussolini meinen Heimatort besuchte. Am Bahnhof wurde extra ein roter Teppich für ihn ausgerollt, doch der Lokführer war gegen die Faschisten und fuhr ein paar Meter weiter, so daß Mussolini nicht auf den roten Teppich steigen konnte.
Als Kind stellte ich mir die Welt einfach nur verheißungsvoll vor, prickelnd, interessant. Ich wußte, diese Wunder würden auf mich warten.
Albert Schweitzer trat in mein Leben. Lambarene! Das war's. Nach Afrika wollte ich jetzt, von Afrika träumte ich! Ich wollte arme Heidenkinder pflegen. Wir hatten in der Kirche so ein kleines schwarzes Heidenkind aus Gips mit einem Schlitz im Kopf für Spenden. Es nickte mit dem Kopf, wenn man eine Münze hineinwarf. Im Gemeindehaus warteten alte Kleider und Stöckelschuhe, Milchpulver und Brillen auf den Transport nach Afrika. In meiner Phantasie bestand Afrika aus Elefanten, Heidenkindern, Affen, Milchpulver, Stöckelschuhen, Bananen und Palmen. Die beste Freundin meiner Oma hieß Friedl. Sie war mal mit einem Sozialisten liiert ge-

wesen und hatte mit ihm Italien und Afrika bereist. Sie schenkte mir ein Foto, wo sie in Libyen auf einem Kamel saß, unter Palmen. Ihr Mann wurde von den Nazis umgebracht. Ich verehrte sie. Sie hatte Afrika gesehen! Sie war mein Zugang zur großen Welt, denn sie arbeitete bei den Amerikanern und brachte uns Rowntree Kakao und andere Köstlichkeiten aus dem PX-Shop. Amerika! Eines Tages fährst du nach Amerika und kommst nicht mehr nach Hause, sagte meine Mutter zu mir. Ich fahre niemals nach Amerika, versprach ich ihr. Und tatsächlich fuhr sie selbst eher dorthin als ich. Es dauerte immerhin vierundvierzig Jahre, bis ich mal nach Amerika kam.

Unsere Sehnsucht nach der Ferne stillten meine Schwester Ilse und ich mit Brieffreundschaften. Ich hatte eine Freundin in Indien und einen Freund in Mauritius, der mich bat, ihn zu heiraten. Ich dachte: Mauritius, warum nicht? Und sagte ja. Da war ich elf. Doch ein halbes Jahr später hatte ich keine Lust mehr, ihm zu schreiben. Sogar einen japanischen Brieffreund hatte ich, der mir mal japanische Holzschuhe schickte. Wir nervten die Studenten des Goetheinstituts bei uns im Ort, uns Briefmarken zu schenken, um von fernen Ländern träumen zu können.

Meine Reisen spielten sich lange Zeit im Kopf ab, das hatte ich wohl mit Karl May gemeinsam. Es gab bei uns so einen alten Brauereikeller unter einem

Hügel, Wolfsschlucht genannt, der war mit Brettern vernagelt, weil ein Teil des unterirdischen Gewölbes mal eingestürzt war und einen Arbeiter begraben hatte. Diese dunkle Höhle übte eine starke Faszination auf uns Kinder aus. Wir brachen ein Brett auf und setzten uns in die feuchte, kühle Finsternis. Ich erzählte meinen Freundinnen, daß wir in Afrika herauskämen, wenn wir tiefer in die Höhle hineingingen, ich beschrieb die Wüsten und die afrikanischen Märkte, die buntgekleideten Menschen, die Wohlgerüche, die geschmückten Häuser aus Lehm – damals hatte ich begonnen, die Märchen aus Tausendundeiner Nacht zu lesen. Diese erste geführte Phantasiereise hatte verheerende Folgen. Ich durfte nicht mehr mit meinen Freundinnen spielen, und der alte Keller wurde so fest verschlossen, daß wir nicht mehr hinein konnten.
Meine Schwester und ich bekamen ein Geographiespiel zu Weihnachten. Da waren alle Kontinente mit Tieren, Menschen und Pflanzen illustriert. Stundenlang träumten wir von fernen Ländern, von tropischen Pflanzen, die wir uns kaum vorstellen konnten, von Menschen, die rätselhaft sprachen. Wir erzählten uns Geschichten in Phantasiesprachen und beteuerten uns gegenseitig, die Welt zu bereisen und all diese wundervollen Länder zu entdecken.
Das ging leider auch schief. Ich war neunzehn und meine Schwester einundzwanzig, als wir uns die

Visa für Persien, Afghanistan, Pakistan, Indien und Nepal besorgten. Wir wollten zusammen eine halbe Weltreise machen, auf dem Landweg nach Indien reisen, trampen natürlich, Geld hatten wir ja keines. Unsere Reiseerfahrung bestand aus einer Fahrradtour nach Genf, einer Fahrt nach Paris und einer Fahrt nach Schweden per Autostop. Ich hatte außerdem in England englisch, in Paris und Lausanne französisch gelernt und konnte mich schon ein bißchen in fremden Gebieten bewegen. Die Welt fing gerade an, uns entgegenzukommen. Kaum hatten wir die Visa, heiratete meine Schwester Hals über Kopf den Sohn des römischen Polizeipräsidenten. Da war's mit der Weltreise auch Essig. Stocksauer löste ich mein Zimmer in München auf und zog nach Italien, wenn schon nicht Indien dann wenigstens Italien. Zwanzig Jahre sollten vergehen, ehe ich tatsächlich einen Fuß auf indischen Boden setzen konnte. Bleiben schien mir jetzt angesagt, zwischen Italien und Deutschland pendeln, bergsteigen.

Muß man reisen? Meine beste Freundin Annamirl fand, sehr viel später, als ich von der Welt träumte und schon einiges davon gesehen hatte, daß man doch sehr gut auch zu Hause bleiben kann. Ich finde, sie hat recht, aber man sollte schon mal über den Tellerrand schauen, damit man den Suppenteller nicht etwa fürs Universum hält. Ich liebe den

Blick von außen auf meine Heimat, die leise Sehnsucht, die mich ergreift, wenn ich in einem von Wanzen bewohnten Gasthaus nachts nicht einschlafen kann, wenn ich kein Wort mehr verstehe und verwirrt durch fremde Städte stolpere. Wenn ich an die absolute Grenze des Erträglichen gerate und dieser Augenblick purer Verzweiflung plötzlich in wilde Heiterkeit umschlägt: Nichts kann dir passieren! Alles ist schon passiert! Das ist der Zustand der trägen Hingabe an die Kräfte, die mich schieben und ziehen und süchtig machen. Traum. Trauma!

Heimat, dieses Wort zu denken ist nur aus der Ferne, aus fremdesten Ländern erträglich, ja notwendig. Ich liebe das Heimkommen, die wohlige Vertrautheit, das Kopfschütteln und Staunen meiner Familie, meiner Freunde, die leichte Genervtheit, wenn ich von meinen Abenteuern erzähle. Meine Güte, was du immer alles erlebst! Doch manchmal ist es auch schmerzhaft – die unwahrscheinlichsten, haarsträubendsten Ereignisse passieren mir. Wie ein Magnet ziehe ich Situationen an oder werde von ihnen angezogen, die man kaum noch beschreiben kann – einmal zu Hause.

Es gibt in den »Lausbubengeschichten« von Ludwig Thoma eine Frau, die Cora heißt, in Afrika war und den Helden der Geschichte ultimativ beeindruckt. Als Kind war sie eins meiner Vorbilder. Und für die Kinder meiner engeren Umgebung wurde ich viel-

leicht so eine Cora, die exotische Geschichten mitbrachte und den Alltag zu Hause nicht so ernst nahm.
Ich finde das Da-Sein in der Bewegung, die immer neuen Eindrücke, die sich dann in den Alltag einweben lassen und ihn so langsam neu gestalten, schon sehr reizvoll. Die Schwalben machen es mir vor: Im Sommer bleiben sie bei uns, weil's da im Grunde ja schön ist, im Winter heben sie ab und schauen sich Afrika an. Und sie sind nie wirklich weg. Sie sind immer ganz da, egal, wo sie sind.
Ich finde die Welt noch immer verheißungsvoll und möchte soviel wie möglich von ihr sehen. Ich möchte mit bloßen Füßen auf dem Rückgrat der Erde tanzen, meine Nase in all ihre Gerüche halten, mit dem Wind singen, mit dem Feuer der Vulkane wachsen, im Ozean spielen, auf Märkten Entdeckungen machen, starke Plätze erfühlen und an ihnen wieder stark und lustig werden. Mich in die Energielinien der Erde eindrehen und wieder herausspringen. Ich möchte Menschen begegnen und von ihnen lernen, egal wo. Was für ein wunderbarer Planet die Erde ist! Ich fände es einfach schade, nicht soviel wie möglich von dieser Erde erfühlt, erfahren zu haben. Sie ist so klein im Universum! Daß wir überhaupt auf ihr leben können, hängt von einer Reihe von derart seltsamen Koordinaten, von so vielen »Zufällen« ab, daß ich die Menschen unbedingt kennenlernen will, die mit mir dieses zugefallene

Glück einer Existenz im kühlen Universum teilen. Ich möchte die Orte kennenlernen, an denen Menschen leben, lachen, glücklich und traurig sind, sich von der Kraft der Erde nähren, sterben. Für mich gibt es eigentlich keine fremden Länder, keine fremden Menschen, sondern nur diese eine Erde, die uns die notwendigen Lebensbedingungen zur Verfügung stellt, unter denen wir überhaupt nur hiersein können.

Als meine Tochter noch klein war, entdeckte ich, daß Mütter sich überall auf der Welt wortlos verstehen, überall dieselben Impulse und Reaktionen haben. Jede Mutter erkennt einen Mutter-Kind-Konflikt auf den ersten Blick, kann helfen, ihn zu entschärfen, auch wenn keine Sprache zur Verfügung steht. Fast jeder Mann auf der Welt fällt in Revier- und Balzverhalten, sobald er glaubt, sein Terrain verteidigen zu müssen. Wir hängen alle von genau der gleichen Zusammensetzung der Luft, von genau der gleichen Stärke der Gravitation der Erde, von den uns zur Verfügung stehenden Nahrungsmitteln ab. Interessant und spannend ist für mich immer wieder, die Interpretationen der unterschiedlichen Menschen auf der Erde von genau diesen Lebensbedingungen zu sehen! Und aufregend, die unterschiedlich starke pulsierende Kraft der Erde an verschiedenen Orten der Erde zu spüren! Und dann den Blick ins Universum zu richten und sich ein wenig zu gruseln: In dieser kalten, dunklen Leere schweben wir, ohne Anspruch auf irgend etwas. Ohne Garantien. Ohne wirksame Versicherungen. Den Elementen, dem Nichts preisgegeben.

Ich liebe es, mich mit den Geistern überall auf der Erde zu unterhalten. Die Beschäftigung mit Geistern erfordert Zeit. Zeit zu haben setzt voraus, daß der Lebensunterhalt irgendwie zur Verfügung steht. Wenn die Geister die Unterhaltung lieben, sorgen sie dafür, daß genug zum Leben da ist. Das macht meine magischen Reisen überhaupt erst möglich.

Ich liebe die Bewegung, das Fortschnellen, das Wiederkehren, und mehr als alles liebe ich das Ankommen, in mir selbst oder an einem fremden Ort, zu Hause oder irgendwo weit weg und gleichzeitig immer *da* zu sein, unabhängig von jedem vertrauten oder fremden Ort geborgen im Atem des Universums. Mit jeder neuen Erfahrung, mit jeder Reise, mit jeder Begegnung verändert sich mein eigenes Universum wieder ein wenig. Nichts bleibt, wie es war, und alles war doch schon immer, wie es ist – das liebe ich am meisten.

Im Gewebe der Geister

Wenn wir reisen, bewegen wir uns nur körperlich durch Gegenden, die auf Landkarten verzeichnet werden. In der anderen Wirklichkeit folgen wir mit der Abreise einer inneren, einer spirituellen Landkarte, auf der ganz andere Koordinaten als Ländergrenzen, Städte, Berge oder Meeresstrände gelten. Diese spirituelle Landkarte nennen die Aborigines Australiens Traumpfade, Songlines. Für unsere europäischen VorfahrInnen gab es ein Netz aus Ley-Lines, aus nicht sichtbaren Energielinien, die uns Kraft geben, Kraft entziehen können, die uns unmerklich lenken, in die Irre führen, zu Kraftplätzen führen oder uns davon fernhalten.
Es gibt in Cornwall, England, einen Steinkreis, der Boscawen'un heißt. Ein besonders starker Platz, wurde mir erzählt. Ich wollte ihn unbedingt finden. Er war auf meiner Wanderkarte verzeichnet. Doch es zeigte sich, wie sehr die Dimension von Kraftplätzen oft von der Dimension der Energieplätze abweicht. Ich wanderte genau der Karte nach, da war der Weg, der links von der Straße abzweigte. Und danach kam nur noch Buschwerk. Ich hatte keine

Möglichkeit, mich in der Landschaft zu orientieren, weil jedes Feld, jede Wiese von einer Mauer eingefriedet war, die, ihrerseits mit Ginster und wildem Buschwerk bewachsen, den Blick auf das dahinterliegende Land einfach nicht freigeben wollte. Zwei Anläufe scheiterten. Bei meiner dritten Reise nach Cornwall ging ich ohne Karte. Gelegentlich schloß ich sogar die Augen, stieg über Mauern, spürte dieser anderen Landkarte nach, diesem Magnetfeld, das mich jetzt zog. Vage tauchte der Gedanke auf: Vielleicht findest du hin, doch wie findest du aus diesem Labyrinth wieder hinaus? Dann sah ich den Mittelstein des Kreises. Wie eine Abschußrampe schräg zum Himmel geneigt, wartete er auf mich. Ich tanzte in den Kreis hinein, lag eine Nacht lang auf dem feuchten Gras und hörte das Sirren der Steine, die sich mit den Sternen unterhielten. Energieschübe flossen durch meine Knochen und brachten meine Zellen zum Vibrieren. Es wurde kalt, eiskalt. Doch diese kühlen Impulse aus dem Sternenhimmel wärmten mich auf sonderbare Art wieder auf. Als der Tag dämmerte, begriff ich, was unseren VorfahrInnen diese Steinkreise bedeutet haben könnten. Träge schob sich die blaßorangene Sonnenscheibe zwischen zwei Steinen über den Horizont zum Himmel. Meine Hände hoben sie tanzend und drehend nach oben, mein Körper folgte, soweit es ging, und ich sah den Bauernhof. Wieso hatte ich das früher nicht gewußt, daß dieser

Steinkreis so nah an einem Gehöft lag, schließlich war es in der Karte verzeichnet?! Ich verabschiedete mich – vorerst für lange Zeit, denn ich habe den Steinkreis bei weiteren Reisen nicht wiedergefunden.

Unsere keltische Geschichte kennt auch die Wege der drei Bethen, der weisen Frauen – die Römer kannten sie als die drei Matronen, später wurden sie oft zu den drei Marien, zu Anna Selbdritt. Ihre Wege wurden Bethelweibsteige genannt, Pfade in der Landschaft, die von besonderer Kraft sind und zu starken Plätzen führen. Entlang solcher Ley-Lines, solcher Kraftlinien, führt auch die B 12 in Bayern, dieser »heilige Highway«, die große Ost-West-Verbindung vom Bodensee zum Bayerischen Wald. Diese Straße war lange Zeit die unfallträchtigste von ganz Deutschland. Eines Tages schrieb ich einen Artikel über sie in der Zeitschrift »Transatlantik«, eigentlich um die Geister dieser Straße zu ehren. Ich interviewte dazu auch einen Polizisten, der besonders viele Unfälle im Bereich der B 12 östlich von München zu bearbeiten hatte. Als ich ihn fragte, was er denn glaube, was man gegen diese Unfälle unternehmen könnte, hatte er keinen Vorschlag und fragte zurück, ob ich eine Idee hätte. Man müßte halt die Straße, die Geister dieser Straße, die alte Drachin füttern, schlug ich vor. Er wurde ganz still. Ich wußte, er glaubte, es mit einer Wahnsinnigen zu tun zu haben. Nichtsdestotrotz fütterte ich die Straße unverdrossen mit Gin (Wacholderschnaps, Wacholder ist ein Ahninnenkraut ersten Ranges!), Fünfmarkstücken und Hirse, gelegentlich schütteten auch Freunde mal einen Schluck Schnaps auf die Straße. Schnaps ist mit Rauch und weißen Speisen eins der Lieblingsnahrungsmittel der Geister. Ein Abendzeitungsreporter berichtete mir, daß er sich auch entschlossen habe, meine Fütterungstheorie zu befolgen, weil er so oft auf der B 12 fahren müsse. Einige Zeit später rief mich der Polizist an, der meinen Artikel gelesen hatte, und sagte: »Ob Sie es glauben oder nicht, aber Ihre Theorie scheint zu funktionieren. Die Unfälle gehen zurück.«

An jedem Punkt dieser Erde liegen die verschiedenen Schichten von Wirklichkeiten übereinander, das Land mit seinen Besonderheiten, die Energienetze, die Erinnerungen, die Geschichte des Ortes, Ereignisse, die dort einmal stattgefunden haben. Da schweben die Geister von Menschen, die einmal gelebt, gelitten haben, die dort gestorben sind, die dort enttäuscht wurden, die in Verzückung gerieten oder entscheidende Erkenntnisse machten.

In der mesopotamischen Geschichte gibt es die Al-Uzzas, fliegende Dämoninnen, die die Sinne der Menschen einfangen und verwirren. Die Menschen in der Sahara kennen die Dschinns, die Geister, die Menschen reiten, treiben, beglücken und verwir-

ren. Im Himalaya treiben die Lus, die Luftgeister, durch den Raum, lassen imaginäre Landschaften entstehen und löschen sie wieder aus unserem Bewußtsein. Sogar im Alpenraum gibt es diese Geister, die Truden, die sich nachts auf die Brust von verheirateten, im mythischen Sinn unterworfenen Frauen setzen und sie drücken. Das Trud-Drucken ist den Menschen von Niederbayern und den AlpenraumbewohnerInnen durchaus noch ein Begriff. Auch im England der heutigen Zeit weiß man um die kleinen Leute, das Feenvolk, das die Erde schon länger bewohnt, als es Menschen gibt.
Als ich auf dem Land wohnte, hatte ich einmal einen beunruhigenden Traum. Ich betrat mein Wohnzimmer, und eine alte Frau saß da. Der Raum wirkte irgendwie anders, war mit altmodischen Möbeln ausgestattet, und von meinen Dingen fand sich in diesem Raum überhaupt nichts mehr. Ich entschuldigte mich bei ihr, bestand jedoch darauf, daß ich hier wohnte. Sie sagte: »Ich wohne hier schon viel länger als du.« Das gab mir zu denken. Seither deckte ich öfter mal bei einem Essen für sie mit und stellte ihr dort, wo im Traum ihr Sessel stand, Blumen hin, räucherte den Raum für sie, denn Geister lieben Rauch. Sie bedankte sich mit einem ungewöhnlichen Phänomen: Eines Tages duftete die ganze Wohnung, für alle HausbewohnerInnen zu riechen, nach Amber. Niemand hatte Amber im Haus, niemand hatte geräuchert.

Der Biologe Rupert Sheldrake erzählt uns von morphogenetischen Feldern, von Energiewolken, die alles enthalten, was von Menschen einmal erdacht, erfahren, erkannt wurde. Er sagt, alles, was schon einmal gelebt wurde, bleibt abrufbar, steht uns als Energie zur Verfügung.

Im Alltag grenzen wir diese Fülle von Impulsen meistens aus. Vielleicht könnten wir das Leben, das wir zu bewältigen haben, gar nicht aushalten, wenn wir mit unseren Sensoren immer alle Energien eines Ortes abtasten würden, wenn wir uns auf alle Schwingungen, alle Informationen einließen, die »in der Luft liegen«. Auf Reisen tritt der banale Alltag mehr und mehr zurück. Wir öffnen uns neuen Erfahrungen, und plötzlich nehmen wir auch Impulse auf, denen wir uns im Streß des Alltags verschließen. Die Veränderung der Reize, die unsere Sinne anregen, bringt es mit sich, daß diese Sinne, durch unbekannte Anregungen stimuliert, auch bisher Nichtwahrgenommenes in unser Bewußtsein bringen. Das kann verwirrend und irritierend werden, wenn das alte Erfahrungsmuster um jeden Preis beibehalten werden muß. Was nicht sein kann, darf auch nicht sein. Was uns als Hirngespinst ausgeredet wurde, kann nicht plötzlich als Realität ins Leben springen. Und gerade das passiert auf Reisen häufig. Ein Hotel wirkt plötzlich unheimlich, eine Landschaft erscheint uns düster und bedrohlich. Beglückende Erlebnisse rationalisieren wir mit Erklärungen, die einleuchtend wirken: Hier ist es eben besonders schön. Der Sonnenuntergang ist wundervoll, und wir haben nicht oft die Gelegenheit, ihn so intensiv zu erleben. Schöne Begegnungen werden als Geschenk empfunden – von wem? – und damit zu einer befriedigenden Reiseerfahrung verdichtet.

Die deutsche Sprache ist da allerdings sehr genau. Es gibt Worte wie »zauberhaft« und »Spielraum«. Wie kann etwas zauberhaft sein, wenn es Zauber nicht gibt? Und was ist denn Zauber überhaupt? Ist es wirklich nur dieses Herausgeholtwerden aus der relativen Abgestumpftheit des Alltags, oder ist es mehr? Das Erfühlen eines Zaubers, der über einem Ort liegt? Das Wirken von Energien, das in der Magie durchaus erklärbar ist, im Alltag des Technologiezeitalters jedoch keinen Platz haben darf? Ist Spielraum wirklich nur etwas mehr Zeit und Raum, um nachzudenken und sich zu entfalten? Entfalten, auch hier ist die Sprache sehr entlarvend: Was wurde denn in Falten gelegt, verkrümmt, verbogen, zusammengepreßt? Doch nicht der Körper? Ist Spielraum nicht vielmehr dieser Raum, in dem Impulse frei fließen und frei aufgenommen werden, schon akzeptierte Grenzen plötzlich fallen, Hindernisse mit Leichtigkeit überwunden werden, alle Sinne in der ursprünglichen Bedeutung des Wortes spielen können und sich mit wahrgenommenen Energien verbinden? Wahrnehmen, auch so ein vernachlässigter Begriff. Nur was ich für wahr halte, kann ich auch wahrnehmen. Wahrnehmen heißt annehmen, was sich gerade als wahr erweist, und das deckt sich nicht immer mit dem, was uns für wahr eingetrichtert wurde.

Ob wir das wahrhaben (wollen) oder nicht, wir bewegen uns im Gewebe der Geister, im Gewebe einer Energie, die alles verbindet, einem spirituellen Spinnennetz gleich, bei dem jede Bewegung jeden Punkt dieses Netzes in Vibration bringt und Reaktionen auslöst. Im buddhistischen Denken gibt es das Bild des Schmetterlings, der mit den Flügeln schlägt und anderswo auf der Erde einen Wirbelsturm auslöst. Jede Bewegung hat andere Bewegungen zur Folge, löst eine Flut von Folgeerscheinungen aus. Im Licht dieser anderen Wirklichkeit, auf der Ebene der Traumpfade, wirft eine Reise neue Fragen auf: Was veranlaßt jemanden, gerade an diesen Ort zu reisen, wie kommen Begegnungen und Erlebnisse zustande, wie hängen sie zusammen? Gibt es »Zufälle«? Und ist ein Zufall nicht das, was einem jetzt gerade zufällt, geschenkt wird?

»Ich entschloß mich spontan, nach New York zu fahren«, erzählte mir eine Freundin. »Eigentlich war ich schlecht drauf und wollte der traumatischen Trennung von meinem Freund entfliehen. Ich erhoffte mir ein bißchen Ablenkung durch neue Eindrücke. Nichts an dieser Reise schien mir irgendwie bedeutungsvoll. Das Hotel war schäbig und teuer. Ich war mit der Aufarbeitung meiner Beziehung beschäftigt, fühlte mich einsam und ging eines Abends los, um irgendwo etwas zu essen, um nicht mehr allein in diesem deprimierenden Zimmer zu hocken. In einem dieser wenig einladenden Schnellrestaurants setzte ich mich an die lange Theke, bestellte etwas zu essen und holte mir eine Zeitung, um nicht dauernd mein Spiegelbild anschauen zu müssen. Ich blätterte die Zeitung auf und stieß den Kaffee einer Frau um, die neben mir saß. Ich entschuldigte mich, sie lachte nur. Wir kamen ins Gespräch. Als sie erfuhr, daß ich aus Deutschland komme, sagte sie, ihr Onkel sei im Krieg in Deutschland stationiert gewesen. Daraufhin erzählte ich ihr, daß mein Vater, den ich nicht kannte, auch ein GI aus Amerika war. Er war nach dem Krieg wieder in die Staaten zurückgegangen. Daß meine Mutter mit mir schwanger war, wußte er gar nicht. Ihr Onkel habe auch eine deutsche Freundin gehabt, sagte die Frau. Sie fragte, wo meine Mutter gelebt habe. In Berlin, sagte ich ihr. Plötzlich wurde ich ganz kribbelig. Der Onkel wohnte in Boston. Jedenfalls endete der Abend damit, daß sie versprach, mit mir zu ihrem Onkel nach Boston zu fahren. Es stellte sich heraus, daß er mein Vater war.«

Als sie mir das erzählte, erinnerte ich mich an eine Erfahrung mit dem Gewebe der Geister, die ich auf zwei Reisen in den achtziger Jahren in Afrika gemacht hatte.

Die erste Reise führte meinen Freund und mich, ein befreundetes Paar und unsere beiden Kinder durch die Sahara. Wir fuhren auf der Tanezrouft-Piste in Richtung Tessalit, Mali. Eines Nachts träumte ich, daß ich mit einigen Leuten am Fuß eines Gebirges wohnte. Die Ausstattung der Behausungen war steinzeitlich. Ich war mit einem blauen Steinguttopf beschäftigt. Jemand schlug mir über den Kopf, und ich sah, daß man mich am Fuß dieses Berges begrub. Ich glaube durchaus nicht, daß jeder Traum eine Bedeutung hat. Um so überraschter war ich, als wir uns zwei Tage später einer Bergkette näherten, die genauso aussah wie die Berge in meinem Traum. Ich war so elektrisiert, daß ich die anderen, denen ich den Traum erzählt hatte, überreden konnte, zu diesem Gebirge zu fahren, obwohl wir nicht mehr viel Zeit für unsere Einreise nach Mali hatten, da das Einreisevisum begrenzt war und unerwartete Hindernisse die Reise schon extrem ausgedehnt hatten. Die Männer machten sich zwar ein bißchen lustig über mich, nahmen jedoch die Gelegenheit wahr, mit ihren Autos zu spielen. Evelyn und unsere beiden Töchter Walli und Katie waren hingegen sofort Feuer und Flamme, als ich sagte: »Ich bin mir absolut sicher, daß wir hier genau an dem Ort sind, von dem ich geträumt habe.« Wir schnappten uns die zwei Klappspaten, die im Auto lagen, und fingen an zu graben. Zuerst fanden wir Flintwerkzeuge, dann einen zerbrochenen blauen Steinguttopf. Gänsehaut zog über meinen ganzen Körper. Ich spürte ein Kribbeln überall und ging wie eine Schlafwandlerin zu dem Platz, an dem ich im Traum begraben worden war. Da wir uns auf der Westseite einer Wanderdüne befanden, lag nicht besonders viel Sand auf der Erde. Ich fing mit bloßen Händen an zu graben und ging dann vorsichtig mit dem Klappspaten tiefer. Ich legte ein Skelett frei. Das war ein merkwürdiges, unheimliches Gefühl, mit Knochen konfrontiert zu werden, die vielleicht irgendwann wohl einmal meine eigenen gewesen waren. Ich saß wie erstarrt da. Die Kinder und Evelyn setzten sich zu mir. Wir diskutierten den Traum, die Funde, und ich entschloß mich, von dem zerbrochenen Schädel, in dem sich tatsächlich so etwas wie eine Verletzung zeigte, ein Stück abzubrechen und mitzunehmen. Wochen später schenkte mir in Bamako, der Hauptstadt von Mali, eine Händlerin einen kleinen Schildkrötenpanzer, aus der die örtlichen Zauberer gern Rasseln anfertigten, und ich machte mir eine Rassel, die ich mit kleinen Steinen und zwei kleinen Stückchen des Schädelknochens füllte. Diese Rassel wurde meine Reiserassel. Ich nahm sie auf alle meine Reisen nach England und nach Afrika und auch zum Bergsteigen mit. Mit dieser Rassel rief ich die Geister und unterhielt mich mit ihnen.

Einige Jahre später fuhr ich für zwei Monate nach Westafrika, um den Wurzeln der Voodoo-Religion nachzugehen und etwas über die heutigen Rituale der Voodoo-PriesterInnen zu erfahren. Die Rassel hatte ich im Gepäck. Mit einem Buschtaxi machte ich mich zusammen mit fünfzehn weiteren Passagieren von Cotonou, der Hauptstadt Benins, nach Nigeria auf. Während meine Reisen allein durch die Elfenbeinküste, Ghana, Togo und Benin völlig unproblematisch gelaufen waren, stellte sich Nigeria, damals noch Militärdiktatur, als ziemlich gefährlich heraus. Unmittelbar nach der Grenze, auf der berüchtigten Badagri-Road in Richtung Lagos, standen in kurzen Abständen Öltonnen auf der Straße, an denen schwerbewaffnete Soldaten die Autos stoppten und kontrollierten – und vor allem »Geschenke« einforderten. An der achten Öltonne hatten wir alle von den Kontrollen ziemlich die Schnauze voll. Der Taxifahrer gab einfach Gas, und die Soldaten schossen hinter uns her. Wir duckten uns, die zerschossene Rückscheibe flog uns um die Ohren, und der Taxifahrer fluchte. Eigentlich wollte ich die Reise abbrechen, aber irgendwie fühlte ich mich so sicher und im Einklang mit dem Land und seinen Geistern, daß ich beschloß, weiter in den Norden des Yorubalandes zu fahren. Auf dem Markt von Oshogbo fand ich ein Buschtaxi, das Richtung Bida fuhr, der wichtigsten Stadt für Glasperlenproduktion in ganz Afrika. Ich mußte mich auf den Rücksitz quetschen, auf dem linken Oberschenkel einen riesigen Korb, auf dem rechten ein Baby. Die Fahrt war anstrengend und staubig. Irgendwo im Busch nach rund sieben Stunden Fahrt versperrten plötzlich Banditen die Piste. Sie hatten Macheten und lange, altmodische Gewehre. Wir mußten aussteigen. Als die Männer sahen, daß eine Weiße im Auto war, sagten sie dem Taxifahrer, die anderen könnten weiterfahren, ich solle dableiben. Der Taxifahrer übersetzte mir alles in einer hohen, nervösen Stimme. Und am Ende fügte er hinzu: »They want your liver.« Er lachte hysterisch. Ich nahm natürlich an, daß sie das zu meiner Einschüchterung sagten, irgendwie konnte ich es nicht ernst nehmen, daß jemand meine Leber wollte. Ich bot Geld an, das wollten sie nicht. Die anderen Fahrgäste begannen, schon wieder in das Auto zu steigen. Sie wollten tatsächlich ohne mich weiterfahren – verstehen konnte ich's ja, akzeptieren würde ich das keinesfalls. Ich holte meine Rassel aus der Tasche, ging rasselnd auf die Banditen zu und sagte in meinem besten Pidgin-Englisch: »Ich bin eine Hexe, ich fresse alle eure Vorfahren, dann fresse ich eure Frauen und eure Kinder und am Schluß« – hierbei näherte ich mich bedrohlich rasselnd dem Anführer und empfand es noch als Spiel – »fresse ich dich.« Er sprang mit einem hohen Schreckenslaut zurück. Ich stieg ins Auto. Jetzt saß ich allein vorn, alle anderen quetschten sich noch enger auf den Rücksitz und die Ladefläche ganz hinten. Niemand wollte in meiner Nähe sitzen. A Witch! Eine Hexe! Das ist in Afrika etwas ganz Furchtbares, Gefährliches. Der Taxifahrer raste los. Im nächsten Dorf setzte er mich ab. Sollte ich sehen, wie ich weiterkam. Mit einer Hexe wollte er nichts zu tun haben.

Ich saß mit meiner kleinen Tasche auf dem Markt und überlegte, wie ich hier wieder wegkommen sollte. Eine Frau näherte sich mir. Sie lud mich zum Essen ein. Ich ging mit ihr. Sie wohnte in einer Hütte mit Wellblechdach. Wir aßen einen Brei mit den Fingern, und ich merkte erst jetzt, wie hungrig ich war. Andere Frauen kamen dazu und musterten mich scheu. Sie erzählte, daß die Geschichte von unserem Überfall wie ein Lauffeuer durch das Dorf gegangen war. Sie lachte. Eine Hexe! Und dann erzählte sie mir, daß sie Mitglied einer Frauengeheimgesellschaft sei. Ich hätte diese Frau nie gefunden, wenn ich sie gesucht hätte, um etwas über Frauengeheimgesellschaften zu erfahren. Nur durch diesen Überfall wurde ein Zusammentreffen möglich, nur dadurch, daß ich mich mit meiner Rassel als Hexe exponierte, hatte sie überhaupt Vertrauen zu mir. Wir unterhielten uns lange in gebrochenem Englisch über Magie, über die Geheimnisse, die Frauen in Afrika hüten und bewahren und nicht an Ethnologen verkaufen. Und auch ich werde nichts über diese Frauen erzählen, nur daß sie mir

Essen und einen Schlafplatz anboten und am nächsten Tag einen Platz im Wagen des Chiefs zurück nach Oshogbo organisierten. »Ach, und übrigens«, meinte meine Gastgeberin, »Eshu, diese androgyne Yorubagottheit, die immer gut ist für unliebsame und angenehme Überraschungen, die von den Missionaren oft mit dem christlichen Teufel verwechselt wurde und die für den Schutz auf Reisen angerufen wird, liebt Schildkrötenrasseln, denn Schildkröten gehören zu Eshu.«
Zurück in Oshogbo erzählte ich Susanne Wenger von meinem Abenteuer. Susanne Wenger, eine Österreicherin, lebte damals schon rund vierzig Jahre in Nigeria, war mit einem Trommler verheiratet und war zur Yorubapriesterin initiiert worden. Sie rettete den Heiligen Hain der Yorubagöttinnen und -götter, sie schuf Plastiken, die den nachfolgenden Generationen den Mythos der Yorubareligion in Erinnerung rufen werden. Sie war schrecklich besorgt und brachte mir erst zu Bewußtsein, in welcher Gefahr ich wirklich gesteckt hatte. Für die Yoruba gelten Fetische, in denen Menschenmaterial verarbeitet ist, als Garantie, daß man in einer Gefahr nicht umkommen wird. Deshalb hätte es durchaus sein können, meinte sie, daß diese Banditen mich umgebracht und verarbeitet hätten. Und ich dachte: In meiner Schildkrötenrassel befanden sich ja tatsächlich Menschenknochen...
Selbst Pauschalreisen können direkt ins Geisterge-

webe führen – manchen Reisenden mag das gar nicht auffallen, aber wer seine Sinne für die seltsamen Zufälle und Begegnungen öffnen kann, die sich auf einer Reise so ergeben, kann eine ganz andere Art von Urlaubsreise erleben. Lanzarote ist eine der Lieblingsinseln von Pauschalreise-Anbietern, und ich beschloß einmal mit meiner Tochter und ihrem Freund dorthinzufahren. Wir wohnten in einem Ferienhaus eines großen deutschen Reiseveranstalters, und alle Weichen waren gestellt für einen Urlaub, bei dem man einfach am Strand herumliegt und faulenzt, was ja auch sehr schön sein kann. Auf einer Fahrt mit dem gemieteten Auto durch die Insel fuhr ich an einer Anhalterin vorbei. Da der öffentliche Verkehr auf dieser Insel sehr spärlich fließt, können Touristen mit ihren Mietwagen viel gutmachen, indem sie Einheimische mitnehmen. Ich nehme ohnehin gern AnhalterInnen mit, weil sich oft interessante Gespräche ergeben. Diese junge Frau mußte nun zu einem Ort, zu dem ich eigentlich gar nicht wollte, ich fuhr jedoch den Umweg, weil es Spaß machte, mit ihr zu reden. Sie war Archäologiestudentin. Ich fragte sie nach der Frühgeschichte Lanzarotes, und sie erzählte mir von einer Ausgrabung eines alten Guanchenpalastes und diese wundervolle Geschichte: Ein Eroberer landete auf Lanzarote und wollte die Herrschaft über die Insel übernehmen, tötete den König und forderte selbst den Thron. Die InselbewohnerInnen wollten die Tochter des Königs als legitime Nachfolgerin. Weibliche Thronfolge war diesem Eroberer jedoch fremd. Er schlug vor, ein »Gottesurteil« abzuhalten. Er ließ die Königstochter in einer unterirdischen Höhle einschließen und erklärte, wenn sie die Zeit in der verschlossenen Höhle überlebe, könne sie Königin werden. Zwei alte Frauen, die der Prinzessin nahestanden, kannten offensichtlich die üblen Tricks, mit denen Eroberer wohl damals gern zu Macht kommen wollten. Sie bestanden darauf, mit der Prinzessin in die Höhle zu gehen, und nahmen nasse Tücher mit. Kaum waren die Frauen in der Höhle, ließ der Eroberer Rauch in die Höhle einströmen, um sie zu ersticken. Die Frauen schützten sich mit den nassen Tüchern. Als die Höhle geöffnet wurde, stiegen sie putzmunter wieder heraus. Die Guanchentochter Ico wurde Königin. Und sie war die einzige Königin in der Geschichte, die ihre Macht durch zwei alte Frauen gewann.

Ich fand den ausgegrabenen Palast und meditierte ein wenig, um mit Ico in Kontakt zu gelangen. Die Begegnung mit der Guanchenkönigin wurde zu meinem intensivsten Erlebnis auf Lanzarote. Hätte ich die Anhalterin nicht mitgenommen, hätte ich nichts über Ico erfahren. Aber vielleicht war es ja Ico, die mich dazu bewog, ihre Nachfahrin mitzunehmen. Mögen auch die Boomboxen in den Touristenzentren dröhnen, der alte Pulsschlag eines starken Ortes setzt sich doch durch.

Die Schrecken des Reisens

Im Flugzeug zwischen Marokko und Deutschland kam ich mit zwei Frauen ins Gespräch, die mir durch ihr krankes Aussehen auffielen. Sie erzählten mir ohne Vorwarnung von dem schrecklichsten Urlaub, den sie je gehabt hatten, der eigentlich der schönste hätte werden sollen. Marokko – Traumland, Strände, Sonne, tropische Früchte, bunte Farben usw. Alle Klischees eben, die man so im Kopf hat, ehe man ein Traumland zum ersten Mal real erlebt. »Wir kommen in Agadir an«, sagte die eine mit von Trostlosigkeit gedämpfter Stimme, »kein Bus da, der uns angeblich abholen soll. Wir können beide kein Französisch. Stehen blöd rum, ein Typ quatscht uns an, er will uns in den Club fahren. Er fährt uns durch halb Marokko, wir landen irgendwo in einer Spelunke, und der Gabi wird gleich das ganze Geld geklaut.« Der heißersehnte Club war dann auch nicht das Gelbe vom Ei. »Überall Kakerlaken. Auf dem Liegestuhl klebt noch das Essen von gestern, das Schweinefleisch stinkt...« »Schweinefleisch?« warf ich ein. »In einem moslemischen Land haben die Menschen kein Verhältnis zu Schweinefleisch, das war bestimmt keine gute Idee, das überhaupt zu bestellen.« »Was heißt bestellen!« ereiferte sich Gabi. »Es gab ja nichts anderes.« Und so weiter. Eine sehr teure Enttäuschung, der Jahresurlaub war weg, die Frauen waren erschöpft von soviel Pech. Andererseits, was kann man erwarten bei einer billigen Pauschalreise?

Die Hoffnungen, die in den Urlaub gesetzt werden! Ist nicht überall das Leben schöner, das Wetter besser als zu Hause? Klingt nicht jedes Reiseziel aus einem Katalog wie ein Märchen aus Tausendundeiner Nacht? Und haben sich nicht all diese Pauschaltouristen ein ganzes Jahr auf diesen gemeinsamen Urlaub gefreut? Und dann gibt's schon bei der Hinreise den ersten Krach. Der eine »vergißt« die Ehefrau bei der ersten Tankstelle, der nächste schießt wie in »Highnoon« die Freundin nieder, weil sie ihn mit ihrem Kulturtrip wahnsinnig macht. Die Kinder schreien die ganze Zeit nur: »Wann sind wir endlich da?«, und wenn man angekommen ist, maulen sie rum, daß ihnen das Essen nicht schmeckt und daß sie das Zimmer ätzend finden und überhaupt, keine anderen Kinder... Und warum konnten wir nicht zu Hause bleiben, wo alles so schön ist... Ja, warum?

Was bewegt die Millionen, die jährlich in Urlaub fahren müssen? Wie auf ein geheimes Kommando setzen sich Autokolonnen in Bewegung, um sich, wie jedes Jahr, im immergleichen Stau zu verkeilen. Ein Tag ist schon mal weg, Streit, verpestete Luft, nichts zu trinken. Doch wer will schon auf den ersten Tag des gemieteten Apartments, auf einen Tag Skifahren, auf einen Tag Meer verzichten und einfach einen Tag später fahren? Warum glauben die Horden von Urlaubern, die es ja besser wissen könnten, jedes Jahr doch noch an den Traumurlaub, der sich einfach nicht einstellen will? Und jedes Jahr wird die Verbitterung ein bißchen größer: Wir werden betrogen, belogen, ausgenommen, abgezockt, beklaut, um unsere kärgliche Freizeit gebracht... Bei Flugreisen wird man, sobald man eingecheckt hat, praktisch gefangengenommen. Ab jetzt sitzt man rum, ärgert sich über Verspätungen, wird angeschnauzt, falls man nachfragt, und wer Pech hat, findet sich in einer rappelvollen Maschine wieder, die stundenlang in der glühenden Sonne vor der Startbahn steht, weil für die Billigfluglinie noch keine Starterlaubnis gegeben wird oder weil die Maschine mangels Geld nicht aufgetankt werden kann. Manche Pauschaltouristen warten am letzten Urlaubstag vergeblich auf den Rückflug – der Reiseveranstalter hat Pleite gemacht. Jetzt wird jeder Tag im ersehnten Land zur Qual, und alle haben nur eins im Kopf: Nichts wie weg hier. Es ist einer der Reize des Reisens, daß man sich zuerst danach sehnt, in die Fremde zu gehen, und kaum ist die Fremde erreicht, wollen alle nur endlich wieder zu Hause sein, die vertrauten Hausschuhe überziehen und vor dem Fernseher ein Bier trinken, oder eleganter: durch den eigenen Garten gehen, das Essen genießen, das man auch verträgt, die Atmosphäre der eigenen Wohnung, des eigenen Hauses, in der Vertrautheit wieder zu sich kommen?

Urlaub, klingt nicht allein das Wort schon wie eine verhaltene Drohung? War das nicht dieser Zustand, in dem Familienmitglieder übereinander herfallen, aus der Unsicherheit, der Unerträglichkeit heraus, was mit dieser Stille, falls überhaupt vorhanden, was mit all der Zeit und schlimmer noch, mit all der gemeinsamen Zeit wohl anzufangen sei? Ist das nicht dieser Zustand, in dem sich Menschenmassen in seltsam entwürdigender Kleidung durch ehemals verträumte Fischerorte schieben, in denen jetzt Betonklötze den letzten Steinhäuschen die Sonne stehlen? Dieser Zustand, in dem sich Menschen freiwillig Verbrennungen dritten, zweiten und ersten Grades zuziehen, um dann ihre Verwundungen zwischen zu engen Trägerhemden und zu knappen Shorts in Kneipen zur Schau zu stellen, in denen das Essen fett, kalt und gesundheitsgefährdend ist? Dieser vielgerühmte, ersehnte Urlaub, in dem Architekten von Hochhaussiedlungen primitive Lehmhütten aufsuchen und an Holzfeuern ihr Essen kochen lassen, nachdem sie die erste Welt mit ihren atem-

beraubend häßlichen Konstruktionen zugebaut haben, weil sie sich so sehr nach archaischer Schönheit sehnen? Und ist es nicht auch der Urlaub, in dem der ultimative Kick ausprobiert wird, noch gefährlicher, noch riskanter, noch nie dagewesener: beinah sind wir draufgegangen? Gigantisch! Toll!
Urlaub, das ist Hilflosigkeit, Lug und Trug, Enttäuschung. Für viele. Für die meisten. Jedenfalls für jene, die Erholung und Entspannung bitter nötig hätten und einfach nicht mehr wissen, wie das geht. Urlaub ist ein heiß umkämpfter Markt, der gerade die Menschen am meisten abzockt, die am wenigsten Geld (und vielleicht am meisten Schulden) haben. Daß vor der Enttäuschung die Täuschung steht, ist wohl auch noch nicht ins Bewußtsein all dieser Menschen eingesickert. Und daß die Entlarvung der Täuschung nur kurz, die schmerzhafte Enttäuschung dann jedoch die wohltuende Enthüllung der Wahrheit sein kann, ist wohl ein Lernprozeß, der nicht ganz ohne Bitterkeit abläuft. Wie kann ein exotischer Urlaub billig und dann auch noch erholsam sein? Wovon sollen die Menschen leben, die das alles so billig anbieten müssen? Warum denkt darüber eigentlich niemand nach?
Die Klugen verziehen sich auf Bauernhöfe, streicheln Kühe, atmen die frische Bergluft ein und lassen ihre Kinder den Bauern zur Hand gehen. Die

Bewußtlosen rennen zu Sauf- und Schaumpartys, trinken sich in Narkose, lachen und grölen, erinnern sich an nichts, außer an ein paar Telefonnummern, die sich nach dem Urlaub verknittert in irgendwelchen Taschen finden.
Die Masochisten hungern und schweigen unter Aufsicht eines Meisters für einen astronomischen Betrag. Die Kulturbeflissenen latschen durch Museen und Kirchen und machen schöne Fotos, mit denen sie ein Jahr lang alle ihre Freunde quälen können.
Was für ein absurder Zustand, dieser Urlaub. Am Ende sitzen Familienväter vor mitgebrachten Rechnungen und kalkulieren das Desaster. Andere ziehen vor Gericht und erzählen mit bitterer Miene allen, die es eigentlich nicht hören wollen, wie sie betrogen wurden. Nach dem Urlaub wird der Gang zur Bank zur Mutprobe. Immer wieder tauchen Abbuchungen auf und provozieren verzweifelte Ausrufe: »Wie konnte ich mir so was Häßliches kaufen!«
»Tourismus ist entwürdigend, für die Touristen und für die, die ihn anbieten«, sagte mir in Tanger in einem Interview der kürzlich verstorbene Schriftsteller Paul Bowles, der sich selbst als Reisender bezeichnet. Was der Unterschied sei zwischen einem Touristen und einem Reisenden, will ich wissen. »Der Reisende macht sich auf den Weg, weiß nicht, wo er ankommen wird, verweilt, so-

lange es gut ist, zieht weiter ohne Ziel. Der Reisende ist unterwegs«, sagt Paul Bowles.
Eine Freundin meiner Schwester kam mit quietschenden Bremsen vor deren Haus an, klingelte, beide rannten zum Auto und rasten davon – zum Yoga. Der Kommentar des Mitbewohners meiner Schwester: Rushing off to relaxation (zur Entspannung hetzen)! Das scheint das zentrale Problem der industrialisierten Welt zu sein. Der Arbeitsalltag ist stressig, die Erholung muß unbedingt gelingen, man hetzt zur Arbeit, hetzt in den Urlaub, und dazwischen soll man sich irgendwann irgendwie erholen. Geschwindigkeit ist das oberste Gebot. Wer schnell ist, bleibt konkurrenzfähig, das gilt besonders für Transportmittel. Alle wollen möglichst schnell ankommen. Passiert dann ein Unglück, werden die Schuldigen gesucht, gefunden, doch niemand fragt sich eigentlich: Was trage ich zur Entspannung, zur Beruhigung meines Alltags bei? Wozu muß ich mich eigentlich so abhetzen? Wem ist mit dieser Geschwindigkeit eigentlich noch gedient?
Das Wort Abenteuer, sagt der Asienreisende und Erstbesteiger des Cho Oyu, Herbert Tichy, kommt vom Lateinischen advenere, ankommen. Im Englischen steckt in adventure das Wort venture, Unternehmung, auch Risiko. Im Deutschen steckt in Abenteuer das Wort teuer – wie entlarvend!
Früher dauerte eine Reise Wochen, Monate gar. Die

Reisenden brachen ihre Zelte zu Hause ab, um die Welt zu erforschen. Sie sammelten wie die Schriftstellerin Vita Sackville-West Pflanzen aller Welt, um sie zu Hause anzusiedeln und ihnen beim Wachsen und Blühen zuzusehen. Sie schaukelten gemächlich durch Kontinente, adoptierten streunende Katzen und sahen sich die Welt aus wachen Augen an wie Ella Maillard mit ihrer indischen Katze Ti-Puss, über die sie ein Buch schrieb. Sie beteiligten sich an Ausgrabungen und putzten die Funde mit ihrer Zahnbürste wie die Krimischriftstellerin Agatha Christie, die so nebenbei auch noch Informationen für den britischen Geheimdienst sammelte. Sie schrieben Gedichte, Romane und Artikel wie die amerikanische Schriftstellerin Djuna Barnes, Ernest Hemingway oder der Dichter Allen Ginsberg. Und oft genug blieben sie dort hängen, wo sie eigentlich nur mal kurz vorbeischauen wollten. In den zwanziger Jahren machten sich viele Schriftstellerinnen und Schriftsteller auf die Reise, buchten wie Zelda und Scott Fitzgerald eine Schiffspassage nach Europa, reisten durch Frankreich, mieteten sich Häuser, ließen sich nieder, um ein wenig zu träumen. Europa war billig und interessant wie heute vielleicht Indien, Nepal oder Afrika. Martha Gellhorn, Journalistin und zeitweise Ehefrau von Ernest Hemingway, beschreibt in »Travels with myself and others« die Schrecken des Reisens, die unerwarteten Kompli-

kationen, die Anstrengungen. Für sie scheint Reisen immer eine lästige Angelegenheit gewesen zu sein, die ihre Berechtigung darin fand, daß sie Reportagen schrieb und damit ihr Geld verdiente.
Warum reisen Menschen in ferne Länder, die damit nicht ihr Geld verdienen und die auch nicht wirklich geruhsam reisen können? Man könnte es sich leicht machen und sie als Idioten abqualifizieren, die irgendwelchen Illusionen nachhängen und zwangsläufig enttäuscht werden. Doch so einfach ist die Sache nicht: Wenn der Druck steigt, verringern sich die Möglichkeiten einer Wahl. Wer das ganze Jahr energetisch ausgepreßt wird wie eine Zitrone, wird Mühe haben, noch herauszufiltern, worauf es im eigenen Leben ankommt, wo die wahren Bedürfnisse liegen. Und der Druck steigt in der westlich-zivilisierten Gesellschaft gewaltig. Wer sich unbedingt erholen muß, um wieder funktionieren zu können, fällt leicht einmal auf faule Angebote rein. Reiseziele werden in den höchsten Tönen gelobt, exotische Besonderheiten hervorgehoben, niemand erwähnt jedoch, daß Exotik erst einmal verkraftet werden muß, daß Naturnähe eine gewisse Robustheit erfordert, daß das einfache Leben eben keinen Komfort bietet und daß erschöpfte Menschen kaum noch Widerstand leisten können gegen gerissene Händler und Schlepper und schon gar nicht gegen exotische Krankheitserreger.

Bei einer Ausstellungseröffnung in einer Galerie für afrikanische Kunst schwärmte ein Anwalt, der gerade noch gesagt hatte, wie verhängnisvoll die Überfremdung Deutschlands durch Menschen aus Dritte-Welt-Ländern sei, wie aufregend seine Reise durch Namibia gewesen sei. »Wir waren in den einsamsten Landschaften und hatten nur Kontakt zu Eingeborenen, die uns sogar in ihre Hütten einluden.« Was geht in so einem Mann vor? Warum lassen sich die Erfahrungen, die das eigene Bewußtsein beim Reisen erweitert, bereichert haben, nicht auf zu Hause übertragen? Warum wird die Qualität der Berührung in der Fremde zu Hause zur Gefahr?

Regina hatte ein halbes Leben lang von Tibet geträumt, sie hatte ihre Wohnung mit Fotos vom Potala in Lhasa, vom heiligen Berg Kailash dekoriert und sechs Jahre lang gespart. Dann war es soweit. Sie nahm an einer Reise nach Tibet teil, bei der ich als Journalistin auch mitfuhr. Ihre Erwartungen waren hoch. Sie hatte alle Bücher von Sven Hedin, von Heinrich Harrer und natürlich von Alexandra David-Néel gelesen, dieser großen Reisenden, der nicht nur ein Jahresurlaub zur Verfügung stand, die sich auf den Weg machte und fast zwanzig Jahre durch Indien, Nepal, China und Tibet zog. Entbehrungen bedeuteten Alexandra David-Néel nichts, ihre Vision alles.

Schon in Lhasa ging es Regina körperlich schlecht.

Sie vertrug die Höhe nicht, bekam Husten und Kopfschmerzen, wollte jedoch an der Umrundung des heiligen Berges Kailash unbedingt teilnehmen. Die Fahrt durch den Norden Tibets in Jeeps auf schlechten Pisten war strapaziös. Was sie sah und erlebte, die Armut, schmutzige, rotznasige Kinder, chinesische Soldaten in zu großen Uniformjacken ohne Knöpfe, Straßensperren des Militärs, Zwangsarbeiter in Steinbrüchen, wollte sich mit ihren Vorstellungen des mythischen Tibet nicht decken. Als wir schließlich in Darchen, in dieser desolaten kleinen Siedlung am Fuß des Kailash, in einem schmutzigen Gästehaus übernachten mußten, war ihre Toleranzschwelle fast erreicht. Regina hatte sich Tibet heilig und erhaben vorgestellt. Doch das Heilige ist immer dicht neben dem Verkommenen, die Erleuchtung dicht neben der Verzweiflung. Bisher hatte Regina trotz der zahlreichen Besuche von Klöstern nichts Heiliges gesehen. Der Buddhismus erschien ihr plötzlich fragwürdig. Die Menschen waren anscheinend nur geschäftstüchtig, das Land war karg und abweisend. Keiner ihrer Träume wollte sich verwirklichen. Ihr Körper reagierte auf die Enttäuschung mit Rebellion, er verweigerte ihr die Anpassung an die dünne Luft. Sie hustete Blut, schleppte sich weiter und bereute, überhaupt hierhergekommen zu sein.
Ich hatte mich von meinen hohen Erwartungen gelöst und war vom Land bezaubert, der Kailash

versetzte mich in eine Art Trancezustand, ich fühlte keine Entbehrung. Wenn ich reise, rechne ich immer mit dem Schlimmsten, ich stelle mich darauf ein, vielleicht zu hungern, unter Durst zu leiden, Anstrengungen und Qualen zu ertragen, überfallen zu werden, alles zu verlieren. Wenn ich zu Hause alles durchgespielt habe, was schiefgehen könnte, was mich schockieren könnte, frage ich mich, ob ich unter diesen Umständen auch noch abreisen will, ob diese Reise mir das wert ist. Ich mache es mir nicht leicht, und von früheren Reisen durch Afrika und Indien weiß ich, wie sich Strapazen, Hunger und Durst anfühlen.

Wenn ich mich dann trotz aller Bedenken zu einer Reise durchgerungen habe, fahre ich los, mit leichtem Gepäck, alle Sensoren auf Wunder eingestellt, die es zu entdecken gilt.

Als ich mich auf den Weg nach Tibet machte, war ich einfach nur dankbar, daß ich die Möglichkeit hatte, das zu erleben, was meine Mutter geträumt hatte, aber nie verwirklichen konnte. Als sie älter wurde, hatte sie Asthma bekommen und konnte nicht mehr bergsteigen, ein furchtbarer Verlust für sie. An Tibet, an den Himalaya war für sie nicht mehr zu denken. Nun konnte ich jedoch fahren und ihr berichten.

Ich war noch nie in fünftausend Meter Höhe gewesen und machte mir Sorgen, wie ich die Höhe verkraften würde, aber ich dachte mir auch: Egal, wie schlimm es wird, ich halte es durch. Ich werde in Tibet sein! Ich war da. Die Zeit dehnte sich, spielte mit mir, trug mich. Wir wurden eingeschneit. Ich dehnte mich aus in dieser Stille und wurde selbst still. Ein Bönzauberer schenkte mir ein Säckchen Kristallspitzen vom Kailash – für Regina war der Mann ein schmutziger Scharlatan; der Buttertee, den er uns anbot, verursachte ihr Brechreiz. Die Umrundung des Kailash wurde ihr zur ultimativen Anstrengung, die sich zu der resignierten Erkenntnis verdichtete: Sie hatte sich Illusionen gemacht und war bitter enttäuscht worden. So blieb ihr nur noch ein Trost: Sie beschwerte sich beim Veranstalter.

Nicht, daß ich einen solchen Reiseabsturz nicht kennen würde! Wie traumhaft schön war meine erste Reise nach Malta! Ich schrieb ein Buch über meine Visionen dort. Bei der zweiten Reise acht Jahre später waren die Erwartungen hoch. Magische Insel! Tempel der Göttinnen! In acht Jahren war Malta flächendeckend mit Hotels und Ferienhäusern bedeckt und Gozo auch schon recht dicht zugebaut worden. Na ja, Schwamm drüber. Das Hotel war ein ekelhafter Betonkasten und unsere Augen sollten aus dem Zimmer nach hinten, genauer gesagt zur Wand des nächsten Hauses schauen. Wir fingen schon mal an, uns zu beschweren, und alles schien gut zu werden. Wir bekamen Zimmer mit Meerblick, in die dann beim

aufkommenden Sturm die Wellen hineinwehten – nicht weiter tragisch. Einige Tage unseres Aufenthalts wurden tatsächlich sehr schön – abgesehen von den Maden im Blumenkohl. Dann mußten wir zurück, die Fähre konnte jedoch wegen des tosenden Sturmes nicht auslaufen. Wir wurden in einen Fischerkahn verladen, und als das Schiffchen mit fünfundsiebzig Passagieren um das Dreifache der erlaubten Zuladung vollgeschaufelt war, legte der Kapitän ab. Die Wasserfläche war jetzt auf der gleichen Höhe wie meine Hand, die die Reling umklammerte. Bei jedem Brecher schüttete das Meer, das wunderbare, elementare, oft ersehnte, oft glorifizierte Meer ein paar Hektoliter Salzwasser über uns. Ich begann, Lieder für die Göttin Tiamat zu singen, und sagte meiner Tochter und ihrer Freundin: Zieht eure Schuhe aus, wenn das Schiff sinkt, stoßt euch ab und schwimmt um euer Leben. Natürlich hatten wir keine Schwimmwesten. Ich war so schreckensstarr, daß ich aufhörte zu singen. Vor mir drehte sich ein Mann um und sagte: »Singen Sie weiter, ich glaube, das beruhigt das Meer.« Er war Ingenieur. Ich sang also weiter, und wir kamen, bis auf die Knochen durchnäßt, auf der anderen Seite an. Mir blieb nur ein Trost: Ich beschwerte mich beim Reiseveranstalter.
Reisen ist ankommen. Wer nicht bei sich selbst ankommt, verliert Zeit, rechnet die Qualen auf, sammelt Enttäuschungen. The Joy you find is the

joy you bring (Die Freude, die du findest, ist die Freude, die du mitbringst), sagt ein buddhistisches Sprichwort. Der Theaterregisseur Peter Brook schreibt in seiner gerade erschienenen Biographie: »Sei da, und alles wird dir folgen.« Wenn du da bist, bist du, wo du immer sein wolltest, am Ziel deiner Sehnsucht.

Von Geistern getrieben

Warum tue ich mir das an? dachte ich, als ich zum Basislager von Chomolungma (Everest) aufstieg. Mein Kopf schmerzte höllisch, der Rucksack war mir mit zwölf Kilo einfach zu schwer, ich hatte jedoch andererseits keine Lust, im Schlepptau eines Trägers und Führers zu gehen. Zum Basislager wollte ich, weil ich eine Reportage über die Menschen schrieb, die den Everest besteigen. Doch noch während ich die Besessenheit der anderen studierte, nahm ich wahr, daß sie auf mich übersprang. Für meine Geschichte war es gar nicht unbedingt notwendig, das Basislager zu erreichen. Ich setzte mich auf einem Felsen oberhalb des Klosters Thyangboche, schaute auf die neblige verzauberte Landschaft und wußte: Ich bin hier nicht aus eigenem Antrieb. Etwas oder jemand zwingt mich weiterzugehen. Ich war im Bann der alten universellen Großmutter. Und ich konnte plötzlich verstehen, daß diese Steuerung der eigenen Willenskraft durch mächtige Geistwesen noch weiter gehen kann, wenn man nicht demütig und offen bleibt. Daß Chomolungma sich ein paar von diesen BergsteigerInnen krallt und sagt: »Ihr wollt auf mir herumsteigen, dann zeige ich euch jetzt mal, wie das ausgehen kann.«

Ich räucherte und sang für sie und spürte, wie der Druck nachließ. Zwar ging ich weiter, ich hörte jedoch auf meinen Körper. Ich ließ die Landschaft, die Energie des Bergs in mich einsinken, löste mich von meinem Ziel und gelangte doch dahin, wo meine Geschichte auf mich wartete. Ich blieb mit der alten Göttin in Berührung und erlebte nie gekannte Glücksgefühle, dabei verlor ich jedoch nie den Boden unter den Füßen. Meine Füße lehrten mich, rechtzeitig umzukehren, die Erde wahrzunehmen und meinem Körper zu trauen. In einer Nacht wurde ich so höhenkrank, daß ich beschloß, vorerst nicht weiter aufzusteigen, sondern ein paar hundert Meter tiefer zu gehen. Ein Sherpa, den ich in der Hütte getroffen hatte, machte sich früh am Morgen auf den Weg und starb in einer Lawine. Ich saß noch auf meinem Bett und hatte das Gefühl, jemand habe einen Nagel durch meinen Kopf getrieben und mich an der Holzwand hinter dem Bett angenagelt. Heute denke ich, die Göttin hatte mich festgenagelt, daß ich nicht etwa meinem Ehrgeiz folge und in die Lawine renne.

In den Sog einer starken Urenergie zu geraten kann sehr gefährlich werden. Diesen Sog erkennt man immer daran, daß man seine eigenen Bewegungen nicht mehr erklären kann, daß die Vernunft, der

Wille ausgeschaltet scheinen, daß man oft gegen besseres Wissen, gegen die Bedürfnisse des Körpers oder gegen die eigene wahre Empfindung irrationale, lebensgefährliche Dinge tut. Die sonnenhungrigen UrlauberInnen, die auf Mallorca in Rauschzustände fallen, ausflippen, alle Hemmungen abwerfen, die sich bei »Ballermann 6« halb tottrinken, um sich dann in der grellen Sonne am Strand den Rest zu geben, ahnen sicher nicht, daß sie im Magnetfeld einer uralten, mächtigen Energie an Fäden tanzen, die nicht von dieser Welt sind. Die Balearen sind frühgeschichtliches Siedlungsgebiet. Steinkreise, Steintempel und Idolfiguren sind Zeugnisse einer matriarchalen Kultur, die jetzt zwar nicht mehr gelebt wird, in die moderne Zeit jedoch noch hineinwirkt. Die Energie, die diese alten Kulturen getragen und genährt hat, treibt die modernen UrlauberInnen heute in die wildesten Exzesse. Ernüchterung und Scham ist auch oft ein Zeichen, daß man einer Urenergie ausgesetzt war, deren Wirkung man später manchmal nur noch mit Kopfschütteln registrieren kann.

In alten Stammeskulturen mußten die Geister verehrt und besänftigt werden und ihren Lebensraum haben, weil man ahnte, daß sie sonst ziemlich ungemütlich werden konnten. Im Zeitalter von Computern, Atomkraftwerken und Pauschalreisen hat diese altmodische Vorstellung keinen Platz. Man reist, wohin man will, und glaubt, alles sei auf

eigene Wunschvorstellungen und Pläne zurückzuführen.
Das Oktoberfest in München ist auch so ein Geistertummelplatz. Jedes Jahr reisen Tausende von Touristen an, um sich wieder einmal heftig zu betrinken und total auszuflippen. Warum? Bier kann anderswo billiger getrunken werden. Rummelplätze gibt es überall auf der Welt. Doch München hat einen sehr aktiven Geisteruntergrund, und der holt sich, was die Einheimischen nicht immer freiwillig zu geben bereit sind: spirit for the spirits, Alkohol als Opfergabe, Rauchopfer, Speiseopfer. Wer schon einmal das Ausnüchterungszelt gesehen hat, weiß, was ich meine. Die Einladung der Geister gleicht nicht selten einem gezielten Schlag auf den Hinterkopf, wo die alte Koordinationszentrale darauf wartet, angesprochen zu werden. Auch das schnelle Drehen und Wirbeln, das Sausen, Schreien, Jubeln und Kreischen gehört dazu – und wer weiß, warum die erste Geisterbahn erfunden wurde. Vielleicht ein Tribut an all jene Wesen, die wir nicht sehen, vor denen wir uns zwar gruseln, die aus unserem Bewußtsein jedoch einfach verschwunden sind. Das Spiegellabyrinth dient uns hier als Initiation in das Rätsel: Wie finde ich aus diesen Spiegelungen wieder hinaus? Bin ich das? Diese ratlose, verunsicherte, wütende, an unsichtbaren Fäden gezogene Person?
Alles ist zwar eine Riesengaudi, doch dahinter

steckt eine gewisse Unruhe. Was passiert hier eigentlich wirklich? Wer kocht seine Suppe auf meinen Emotionen? Nur nicht nachdenken – ab ins Bierzelt. Zuerst fallen die zivilisatorischen Umgangsformen, dann die Hüllen, dann die dazugehörigen Menschen. Und überall funkeln bunte Lichter. Ein wahres Fest für die Geister.
Die Geisterbahnen des Lebens schleudern uns in die seltsamsten Abenteuer. Was ein harmloser Urlaub mit Sonne und Strand werden sollte, endet plötzlich in Tränen, Haß und Chaos. Eine normale Bahnfahrt wird zur Katastrophe, eine Flugreise endet auf dem Meeresgrund. Oft sind solche Geisterfahrten von unruhigen Gefühlen begleitet, für die es keine rationalen Erklärungen gibt. Manchmal steigt sogar jemand rechtzeitig aus – zufällig, scheint es.
Die großen Reisenden der Literatur fanden sich oft als Getriebene ins Netz ihrer unerklärlichen Sehnsüchte verstrickt. Bruce Chatwin zum Beispiel hielt es nirgendwo lange aus, kaum ließ er sich an einem Ort nieder, mußte er weiter, neue Orte, neue Begegnungen finden. Er entwickelte sich dazu seine Theorie über das Nomadisieren, das seinen Drang erklären sollte, doch Rastlosigkeit war eigentlich nie ein Thema für nomadische Gemeinschaften. Ähnlich getrieben, geriet Arthur Rimbaud in diesen Geistersog, als er Afrika bereiste und sich zu Tode trank. Isabelle Eberhard folgte dem Ruf der Geister

in die Wüste, suchte mythische Erlebnisse, Begegnungen, Ekstasen. Sie ertrank in einem Wadi, einem Flußbett, mitten in der Wüste, aber schon vorher hatten sich die Geister mit Rauch- und Trankopfern (Absynth und Haschisch) an ihr schadlos gehalten. Eine, die dem Ruf der Geister durchaus folgte, ihre Aktivitäten dabei jedoch immer im Bewußtsein hatte, war Alexandra David-Néel. Sie beschreibt eine Reise durch Tibet, bei der ihre sonst so umgänglichen, nützlichen Hausgeister plötzlich unangenehm wurden und ein Yak mit wertvoller Ladung an einem Bergpaß in eine tiefe Schlucht stießen. Sie respektierte die Geister, studierte sie, schrieb über sie, im Griff hatte sie die unsichtbaren Wesen jedoch nie.

Seit meiner ersten Tibetreise hatte ich den brennenden Wunsch, wieder dorthin zu reisen. Drei Jahre lang beantragte ich vergeblich ein Visum. Über mangelnde Aufmerksamkeit können sich die Geister bei mir zwar nicht beklagen, denn ich hüte jede Menge kleiner Schreine in meiner Wohnung, ich begann jedoch nach sechzehn Jahren Abstinenz wieder zu rauchen und trank sogar kleine Mengen Alkohol, den ich nicht besonders gut vertrage. Allerdings vergaß (und vergesse) ich nie, etwas davon meinen unsichtbaren Begleitwesen abzugeben. Eines Tages machte ich mich auf den Weg nach Nepal mit dem sicheren Gefühl, diesmal komme ich nach Tibet. Die Reise stand unter schlechten

Vorzeichen. Ich hatte keinen Auftrag für eine Zeitung, der mir die Reise finanzieren würde (allerdings erhielt ich ein Wiederholungshonorar für eine Geschichte und konnte sie mir leisten). In dem Flugzeug, in dem ich reiste, wurde eine nepalische Familie abgeschoben. Ich fühlte mich elend, hatte keine Lust zu fahren und wäre am liebsten wieder umgekehrt. Da sagte die Bodenhosteß, ich könne den Sitzplatz tauschen und in einer Reihe sitzen, in der die beiden anderen Plätze frei seien, ich also schlafen könne. Ich wollte mich gerade niederlassen, da fiel mein Blick auf etwas Gelbes auf dem mittleren Sitz. Ich hob es auf. Bernstein? Es war eine Perle mit einer gelbbraunen Patina und war würfelartig geschnitzt. In das Loch der Perle paßte genau ein maßgearbeitetes Bambusröhrchen. Als ich die Perle in der Hand hielt, schien mir, als pulsiere sie. Als die Stewardeß die Getränke brachte, bat ich sie herauszufinden, wem diese Perle gehöre. Sie brachte sie nach einer Weile zurück. Niemand hatte zwischen Paris und Frankfurt hier gesessen, und sie gehörte niemandem im Flugzeug. Und außerdem, sagte sie, sei das Flugzeug in Frankfurt gereinigt worden. Ich umklammerte die Perle. Die ausgewiesenen Kinder tobten fröhlich durch das Flugzeug. Ich dachte über meine Situation nach. Ich schien an einer Schnittstelle meiner Ambitionen angekommen zu sein, war eigentlich erfolgreich, kämpfte jedoch mit einem unerklärlichen Gefühl der Niederlage. Ich wußte nicht einmal genau, was ich in Nepal, in Tibet wollte. Fast gelassen beobachtete ich, wie ich herausfiel aus meinem Lebensmuster: Geschichten schreiben, Geld verdienen, lieben, geliebt werden, verlassen, verlassen werden, bewundert werden.

Auf dem Weg zu meinem Zimmer im Hotel Garuda in Kathmandu ging ich an den Fotos berühmter Bergsteiger vorbei, die alle schon tot waren. Ich dachte über die Wechselwirkung von Ehrgeiz und Öffentlichkeitswirkung nach, »famous for fifteen minutes«, fünfzehn Minuten lang berühmt sein, wie Andy Warhol das einmal formuliert hatte. Einmal in der Zeitung stehen, im Fernsehen auftreten! Morde wurden deshalb begangen, irrsinnige Rekorde aufgestellt, Familientragödien ans Licht der Öffentlichkeit gezerrt. Ich dachte an meinen Journalistenfreund Prakash in Kathmandu, der sich im Lauf seiner Arbeit zum Zyniker soff. Meine Reise wurde so langsam zu einer Geisterfahrt, einer unfreiwilligen Visionssuche, die Unruhe, die mich befallen hatte, war nicht mit dem Besuch in meinem Lieblingstempel Swayambunath und auch nicht mit dem Zauber zu besänftigen, den Nepal auf mich immer ausübte. Dann sah ich im Kathmandu Guesthouse den Zettel, auf dem Mitreisende nach Tibet gesucht wurden. Ich schloß mich an – und bekam ein Visum. Vor der Abreise folgte ich einem Impuls, nach Bodnath, dem buddhistischen Heiligtum am Rande von Kathmandu, zu gehen. Ich setzte mich auf die Stufen eines Antiquitätengeschäfts und unterhielt mich mit einem Bettler mit zwei Krücken. Ich gab ihm fünf Rupies, er gab sie sofort an einen uralten pockennarbigen Mann weiter. Also gab ich ihm fünfzig Rupies, die er behielt. Ich fühlte mich seltsam fremdgesteuert, er lächelte. Der Händler des Geschäfts kam heraus. Er griff nach meiner Perle. Woher ich die habe? Wahrheitsgemäß sagte ich, ich habe sie im Flugzeug gefunden. »Ich glaube, sie ist aus Bernstein«, sagte ich. »Nein«, sagte er, »das ist kein Bernstein, das ist eine tantrische Knochenperle, hohe Lamas haben solche Perlen.« Er schlug mir vor, zu einem Lama zu gehen, um etwas über die Perle herauszufinden.

Der Lama nahm die Perle in die Hand, sah mich lange und ungemütlich an und sagte: »It's very old. Hundreds of years. It's made from the bone of a living Buddha.« Ich wollte, daß er die Perle behalte, doch er schüttelte den Kopf. Die Perle sei zu mir gekommen, also müsse ich sie tragen. Das habe schon seinen Sinn. Die Geschichte fing langsam an, unheimlich zu werden.

Am nächsten Tag trafen sich alle Mitglieder der Reisegruppe mit dem Leiter des kleinen Reisebüros. Wir erfuhren, daß wir einen Teil der Reise auf einem Lastwagen unternehmen würden und daß es bis Shigatse keine medizinische Versorgung

gebe, falls jemand höhenkrank werden sollte. Ich hatte plötzlich keine Lust mehr zu fahren, bezahlte trotzdem meinen Beitrag. Als wir uns vor dem Reisebüro zerstreuten, legte jemand die Hand auf meine Schulter. Ich drehte mich um. Da stand ein Mönch. Er bat mich, für einen Freund einen Brief und Geld nach Tibet mitzunehmen. Woher wußte er, daß ich nach Tibet fuhr? Warum fragte er mich und nicht die anderen? Ich wollte es nicht tun, fand mich jedoch kurze Zeit später im Garuda mit ihm beim Tee wieder. Er gab mir Instruktionen. Er hatte mich in Bodnath bei dem Lama gesehen, als ich ihm die Knochenperle gezeigt hatte.
Fünfzehn Stunden und zweieinhalbtausend Höhenmeter später taumelte ich durch Nyalam, beobachtete die exerzierenden chinesischen Soldaten, die kleinen Mädchen, die miteinander seilhüpften, die Yaks, die von den Bauern abgeladen wurden. Ich war krank von der anstrengenden Lastwagenfahrt, von der Höhe, von meiner eigenen Ratlosigkeit. Höhenkrankheit beginnt im Kopf: Du wolltest zu schnell zu hoch hinaus. Ehrgeiz. Ich kann das. Das Hirn hämmert: zurück! Wie sollte ich umkehren? Etwa zurück durch die Schneise im Gletscher, über die Erdrutsche, immer am Abhang entlang? Zurück über den glitschigen Weg, auf einem Lastwagen, den Blick auf die Schlucht tausend Meter darunter geheftet? Die Knochenperle pulsierte auf meinem Brustbein. In meiner Tasche brannte dieser Brief mit den sechs-

hundert US-Dollar. Was stand drin? Wenn sie ihn fanden? Was hatte ich mir dabei gedacht, ihn überhaupt mitzunehmen, diesen Mann zu finden und mich einer solchen Gefahr auszusetzen?
Auf dem ersten Fünftausender-Paß hatte nicht nur ich blaue Lippen. Aus einem Landrover, aus Richtung Lhasa kommend, stieg ein Japaner, breitete die Arme aus und sagte grinsend: »This is nothing. You should see the Swiss Alps.« Ja, warum bin ich nicht in die Schweizer Berge gefahren, so nah, so schön!
Der Fahrer des Busses, in den wir umgestiegen waren, raste über die schlechten Pisten. Stufe zwei der Höhenkrankheit: Es fühlte sich an, als ob mein Kopf auf einen Rechen mit scharfen Zinken sinken würde, die sich in das Hirn bohrten. Und egal, wie ich mich drehte und wendete, die Zinken steckten fest in meinem Schädel. Würgen, kotzen. Mein Verdauungstrakt fühlte sich wie mit Plastik verkleidet an. Nichts blieb in mir. Dann versank die Landschaft, und alles war schwarz. Das Schwarz bewegte sich wie eine träge Spirale, eine Wasserfläche kräuselte sich, das Bild zerplatzte wie eine Seifenblase, fiel zurück ins unendliche Schwarz. Sätze stiegen auf, sanken zurück ins Nichts. Ich hatte das Geheimnis des Universums entdeckt, nichts war da, nichts existierte, beruhigend, sanft. Leuchtende Fäden stiegen aus meinem Hirn auf ins All, verbanden sich mit den Sternen und schaukelten mich. Die Knochenperle pulsierte.

In Lhasa war mein Gehirn wie frisch gewaschen. Ich wußte, jetzt konnte ich die Aufgabe mit dem Brief hinter mich bringen, was war schon dabei, es ist ja nicht verboten, einen Brief zu überbringen. Als die Gruppe zu einer Klosterbesichtigung aufbrach, konnte ich glaubhaft versichern, zu einer solchen Strapaze nicht mehr in der Lage zu sein. Kaum war die Gruppe abgefahren, folgte ich dem Stadtplan in meiner Imagination, bewegte mich nach der Anweisung des Mönchs und fand das Haus, in dem der Freund wohnen mußte. Diese Reise hatte überhaupt nichts mit mir zu tun, ich bewegte mich nach einer fremden Choreographie in einem Szenario, das ich nicht kannte.

Niemand war mir gefolgt. Ich klopfte. Meine Knie schlotterten. Ein Mann mit einem dieser hellbraunen chinesischen Hüte auf dem Kopf, weißes Hemd, schwarze Hose, öffnete die Tür. Später realisierte ich, daß ich nach der neuesten chinesischen Mode gekleidet war, ganz in Schwarz, mit einer gelben Jacke und einer Sonnenbrille im Gesicht. Nur die Knochenperle paßte nicht ganz ins Bild. Ich zog den Brief heraus. Ein Lächeln überflog das Gesicht des Mannes. Zum Abschied schenkte er mir eine kleine silberne Glocke.

Als ich ins Gasthaus zurückkehrte, war ich frei. Über dem Jokhang stand ein doppelter Regenbogen, ein Zeichen? Ich hatte keinen Film mehr in der Kamera. Die Mönche des Jokhang luden mich zu einer Tasse Tee ein. Und plötzlich stiegen Zweifel auf. Der Freund des Mönchs hatte mir eine Geschichte erzählt: Ein Mann sieht in der Nacht den Mond auf der Wasserfläche des Sees. Jede Nacht läuft er zum Wasser, um den Mond zu fangen. Seine Frau fragt ihn, warum er immer so naß nach Hause kommt, aber er will es nicht erzählen. Also folgt sie ihm. Sie sieht, wie er auf der Wasserfläche herumschlägt. »Was tust du denn da?« fragt sie. »Ich will den Mond fangen«, sagt er. »Du Narr«, sagt sie, »der Mond ist dort oben, den kannst du nicht fangen.«

»Verwechsle nie die Spiegelungen mit der Wirklichkeit«, hatte der Freund des Mönchs zu mir gesagt. Als ich wieder in Kathmandu ankam, forschte ich nach dem Mönch, der mir das Geld gegeben hatte. Niemand kannte ihn. Und in der Legende vom Mond im See ist der Mann in Wirklichkeit ein Affe. Nach wochenlanger Anspannung hatte ich endlich Grund zu lachen.

Die Öffnung aller Sinne

Mit anderen Menschen reisen heißt kommunizieren im guten und im schlechten Sinn. Schöne Augenblicke werden geteilt. Jede Besonderheit, jedes Erlebnis, jeder Ärger wird beredet. Allein ist es im Himmel nicht schön, behaupten die Bayern. Doch die Statistik spricht nicht gerade für gemeinsam unternommene Reisen, besonders, wenn es sich bei den Reisenden um Paare handelt. Viele Ehen oder Partnerschaften enden im Urlaub, auf Reisen, wo man sich plötzlich von einer ganz neuen Seiten kennenlernt, man unangenehm viel Zeit miteinander verbringt und störende Eigenschaften der anderen Person plötzlich unerträglich werden: das »endlose Gequassel« der Frau genauso wie die Kommunikationsunlust des Mannes, das »ewige Aufrechnen und Vergleichen« und die »hemmungslose Verschwendungssucht« am Urlaubsort.
Sobald mehrere Menschen zusammen reisen, nimmt die Koordination der verschiedenen Interessen, das Reden über Orte, die unbedingt besucht werden müssen oder die man auf keinen Fall sehen will, die Frustration darüber, daß man

sich dem Programm, den Wünschen der anderen anpassen muß, den meisten Raum ein. Man trennt sich gelegentlich und macht Treffpunkte aus – für die einen wird's zum Streß, in dieser begrenzten Zeit alles zu schaffen, für die anderen ist Warterei angesagt. Zwar wird in der Nachbearbeitung der Reise beim Betrachten der Fotos die Unzufriedenheit relativiert (»allein hätten wir da gar nicht hingefunden«, »ohne den Reiseleiter hätten wir das nicht erfahren«), aber Reiseerzählungen strotzen vor Attacken auf andere Mitreisende, die »immer eine Extrawurst haben mußten«, die »sofort krank wurden«, die ganze Gruppe »terrorisierten«, auf Väter, die auf der ganzen langen Autofahrt nicht eine Essenspause machten, auf Frauen und Kinder, die »ständig Rast machen und pinkeln, spazierengehen, zu McDonald's zum Essen gehen« wollen. Dem Papa war das Hotel zu primitiv, den Kindern waren im feinen Hotel zu wenig Kinder, die Mama war sauer, weil sie auch im Urlaub jeden Tag die Familie bekochen mußte.

Gemeinsam reisen macht Spaß, wenn Balzen, Kichern oder gemeinsame Interessen die Widrigkeiten verdrängen. Oft bekommen Freundschaften oder Beziehungen (und dieses Wort hat immerhin etwas mit ziehen zu tun) jedoch einen Riß bei Reisen, die erwartungsfroh beginnen und in Ernüchterung enden.

Gemeinsam reisen bedeutet auch, sich ständig zu reiben, zu behaupten, die eigenen Bedürfnisse einzubringen oder wegzustecken und vor allem alles und jedes zu bereden. Frauen füttern ihre Männer wie Kinder oder Haustiere mit von zu Hause mitgebrachten »sicheren« Lebensmitteln und mahnen: »Iß das nicht, davon bekommst du Sodbrennen!«, wenn der Mann zu einheimischer Nahrung greift. Männer spielen oft Rambo, wo nur der gesunde Menschenverstand und etwas Ruhe gefragt wären.

In Reisegruppen weiß immer jemand ein noch schöneres Lokal, »das wir mal vor drei Jahren in Griechenland entdeckt haben«, ein noch billigeres Teppichgeschäft, einen noch traumhafteren Sonnenuntergang – das hier ist ja gar nichts! Die Geschäftstüchtigkeit der Einheimischen wird gerügt, die alte Kultur erklärt, fremde Bräuche werden fachkundig erläutert, mögliche Krankheiten aufgezählt, und vor allem gibt es immer Reisende, die früher schon mal da waren und einem erzählen können, was man alles nie mehr erleben wird, weil man nicht rechtzeitig so schlau war, hierherzufahren und deshalb im Grunde keine Ahnung hat und natürlich nicht mitreden kann. Na ja, jetzt ist das ja nichts mehr, das war mal das Paradies, aber heute kann man diesen Ort vergessen. Wenn es heiß ist, hört man bestimmt fünfzig Mal am Tag, daß es heiß ist. Ist das Essen schlecht, knapp, teuer oder sonst irgendwie ungewöhnlich, was in einem fremden Land eher häufiger vorkommt, kann man mit einer Diskussion über dieses Essen, essen im Ausland überhaupt, besonders gutes, billiges, reichliches Essen anderswo jeden Tag beginnen und beenden. Ist die Reise anstrengend, erfährt man alles über anstrengende Reisen von Mitreisenden, gegen die diese Reise hier überhaupt nichts ist. Kinder, die betteln, lösen eine ganze Flut von Gesprächen über den Niedergang der Kultur, über die Gefahren des Bettelns, der Entwicklungshilfe bis hin zu Grundsätzen der Kindererziehung aus. Auch gemeinsame Einkäufe können zu wahren Folterveranstaltungen werden, weil hier alles viel teurer und schlechter ist als beispielsweise vor zwei Jahren dieser Laden in Spanien, wo wunderbare Menschen, die nur spanisch sprachen, naturreines Olivenöl, hervorragenden Wein und selbstgeerntete Oliven verkauften und einen sogar zu Hause zum Essen einluden, das selbstverständlich phantastisch war. Nur heute findet man so was ja leider nicht mehr! Werden Fotos gemacht, gibt es lange Gespräche über geniale Fotos, die man geschossen hat, doch da war natürlich auch das Licht ganz anders als hier, und von da drüben überhaupt ein Foto zu machen, ist ja schon überflüssig. Das ist auch kein wirkliches Motiv, auf dem Foto kommt das nicht! Dagegen die Kirche in Valletta damals, dieser Fel-

sen auf Island, weißt du noch, dieses eine Dia, das ich mal bei dem Wettbewerb eingeschickt habe... Ich habe viertausend Dias von Nepal, eins schöner als das andere. Wer mag da nicht frustriert die Kamera wieder einpacken, zumal sicher jemand dabei ist, der einem erklärt, wie beschränkt es ist, überhaupt zu fotografieren. Und sicher taucht dann der Spruch auf, der als neue Reiseideologie der »sanften« Touristen gilt: nichts mitnehmen, keine Spuren hinterlassen. Schön, wenn man's unterwegs ein paarmal mahnend gesagt bekommt. Hat jemand Durchfall, gibt es gleich ein paar Leute, die nie irgend etwas haben, egal wo. Alle anderen lagen schon tot herum, da liefen sie immer noch putzmunter mit den Einheimischen durch die Gegend. Überhaupt die Einheimischen. Wird es nicht zum Sport innerhalb gemeinsam reisender Gruppen, wer den besten Draht zu dieser aussterbenden Art hat?
Ambitionierte Männer schleppen Frauen und Kinder über Berge, durch Schluchten, an interessante Aussichtspunkte. Unternehmungslustige Frauen frustrieren ihre Männer dadurch, daß sie in südlichen Ländern ungeahnte sinnliche Schübe entwickeln und sie an männlichen Bewohnern des Urlaubsortes ausprobieren. Von den Kampftrinkgruppen, den SchaumpartybesucherInnen in den Touristenghettos südlicher Urlaubsziele, den grillorientierten Strandtouristen wollen wir mal gar

nicht sprechen. Die sind vielleicht am besten dran, weil sie bekommen, was sie erwarten, und weil sie nichts anderes erwarten, als sie nur bekommen können an eben jenem Ort mit eben jenen Mitreisenden.
Allein ist es im Paradies nicht schön? Das kann nur sagen, wer das Paradies nicht kennt.

Eine Reise ist strapaziös. Mit jeder Faser meines Körpers gehe ich in dieses sehr lebendige Gefühl. Da ist niemand, der oder dem ich von dieser Strapaze erzählen könnte. Wer sollte sich dafür wohl interessieren? Es geht allein mich etwas an. Ich habe mich darauf eingelassen, also gehe ich jetzt da durch. Spüre die Anstrengung, bereite mich auf neue Hindernisse vor. Konzentriere mich. Ja, natürlich hätte ich jetzt auch Lust, mit einer lieben Freundin zu sprechen, gemeinsam über alles zu lachen, irgendwo einen Tee zu trinken, zu seufzen und sich gegenseitig zu bestätigen, daß dieses wundervolle Land die Strapaze wert ist. Doch dann kommt sofort die Überlegung: Welche Freundin, welcher Freund würde mit mir hierher reisen? Wie würden wir uns verstehen? Würden wir plötzlich feststellen, daß wir auf Reisen überhaupt nicht miteinander auskommen? Daß wir uns auf die Nerven gehen, daß wir unsere kleinen Ticks und Gewohnheiten, die jeder Mensch so hat, nicht ertragen? Jede Bedrohung wird größer, wenn man darüber spricht. Natürlich wird auch das Wunderbare dadurch wunderbarer. Doch dann würde ich loslaufen wollen, sie oder er würde noch bleiben wollen. Wir müßten also diskutieren, wann und wo wir uns wie wieder treffen könnten. Dann hätte sie ein schlechtes Gewissen, weil sie meine Pläne blockiert und spürt, daß ich frei dahinfließen will. Und ich hätte ein schlechtes Gewissen, daß ich mich nicht einmal einer guten Freundin, einem guten Freund problemlos anpassen kann.

Ich glaube nicht, daß nur ich damit Probleme habe. Denn ich höre genau diese Überlegungen immer wieder in den Reiseberichten meiner FreundInnen. Der Unterschied ist vielleicht nur, daß sie meistens weiterhin versuchen, gemeinsam zu reisen und alle Bedürfnisse unter einen Hut zu bringen, während ich irgendwann angefangen habe, auch allein zu reisen und auszuprobieren, wie es sich anfühlt, auf niemanden Rücksicht zu nehmen und auch mit niemandem ratschen und lachen zu können. Seit ich allein reise, habe ich auch wieder mehr Lust, gelegentlich mit anderen Menschen unterwegs zu sein. Ich empfinde keinen Mangel mehr, wenn ich Bedürfnisse zurückstelle, weil ich sie ja alle erfüllen kann, wenn ich wieder allein losziehe.

Es ist heiß. Ich kann es niemandem erzählen. Alle Menschen um mich herum spüren die Hitze genau wie ich, nur was würde es bringen, fremden Menschen von dieser Hitze zu erzählen? Sie sind ja nicht blöd. Sie wissen, daß es heiß ist. Man lächelt sich zu, meistens in Ermangelung einer Verständigungsmöglichkeit. Allein reisen heißt nicht allein sein. Heißt schon gar nicht, keinem Menschen zu begegnen. Im Gegenteil, man wird offener für Begegnungen. Allein reisen heißt einfach nur: Bei sich sein und sich anderen Menschen öffnen. Wer allein reist, ist auf die Hilfe, die Freundlichkeit, die Sympathie anderer Menschen angewiesen. Wer allein reist, muß sich öffnen, alle Sinne wecken, muß bereit sein, die anderen wahrzunehmen, ihre Körpersprache zu entschlüsseln, Hilfe anzunehmen, Informationen aufzunehmen, Zeichen zu lesen und zu deuten. Allein reisen hat nichts mit Isolation und Vereinsamung zu tun, sondern mit Hingabe an das Land, die Elemente, die Natur und vor allem an die Menschen. Wer allein reist, bildet keine fremdsprachigen Fronten, bewegt sich nie in einer illusionären Heimatkapsel, die durch das Miteinander-Besprechen und Sich-gegenseitig-Mut-Machen entsteht, kann sich nicht im trügerischen Gefühl des Vertrauten verbergen. Allein reisen ist auch immer Konfrontation mit allem, was da ist, und selbst ganz da sein.

Allein reisen heißt, die vielen Arten des Gehens zu entdecken. Nie wird einem so bewußt, was

Gehen bedeutet, wie die Füße mit dem Körper verbunden sind, Impulse durchgeben, die Landschaft, die Orte, die Städte »sehen«, wie wenn man allein ein unbekanntes Gebiet erforscht. Allein reisend, habe ich angefangen, auf meine Schuhe zu achten, wenn ich weiß, es gibt Städte und Straßen, auf denen ich nicht gern barfuß gehen will. Es gibt wenige Schuhe, die Entdeckungsreisen wirklich gewachsen sind. Die Füße jaulen auf, wenn sie merken, der Schuh will hier eigentlich nicht gehen. Sie schwitzen, sie reiben sich an den Druckstellen, versuchen, sich breit zu machen. Im Gespräch, in der Gemeinschaft mit anderen sind die Körperempfindungen an fremden Orten oft peripär, tauchen nur als Störungen am Rand auf, die irgendwann zu einer massiven Belästigung auswachsen und erst dann zum Thema werden.
Irgendwann bin ich bei Flipflops, bei Gummisandalen gelandet. Schlappschlappschlapp paßt sich mein Gang dem Gang der Marktfrauen, der Fischer, der Händler an. Schlurfschlurf schieben sich die Füße träge in der Hitze vorwärts. Dann wird die Erde weich. Weg mit den Schuhen. Jetzt tanzen die Fußsohlen auf dem Boden, weichen die Zehen spitzen Steinen aus, drücken sich die Fersen in die Erde. Hier ist es feucht und kühl, ah, hier wächst Gras. Hier sind die Steine von Wind und Wetter rundgeschliffen. Meine Füße fangen

an, mit dem Hirn zu kommunizieren. Die Nase schnuppert in den Wind hinein, das Wetter ändert sich, Zeit, eine Unterkunft zu suchen. Die Füße rollen sich ab, die Zehen drücken nach, die Hüftgelenke, fein geschmiert, geben nach, die Wirbelsäule geht geschmeidig mit.

Und was ist mit dem Gepäck? Leicht muß es sein. Kein Platz für Walkman, fünf Objektive, Proviant, ein extrafeines Kleid für besondere Anlässe. Alles, was zählt, ist, daß der kleine Rucksack leicht ist. So leicht, daß er dem Rücken nicht besonders viel erzählen muß. So unbedeutend, daß jeder Dieb sofort abwinkt. Wie arm muß diese Frau sein, wenn sie nur so einen kleinen schäbigen Rucksack bei sich hat! Ich brauche Gepäck, das ich an jedem Marktstand ein paar Stunden einstellen kann, ohne daß es Aufsehen erregt. Gepäck, das mich auch noch nach ein paar Stunden Gehen nicht an all das unnötige Zeug erinnert, das ich schon wieder dabei habe und nie wirklich brauchen werde. Brauche ich wirklich ein Buch? Wozu? Ich habe ein fremdes Land, in dem ich lesen will. Bin ich längere Zeit unterwegs, deponiere ich all die Bequemlichkeitszutaten, die ich dann schon brauchen werde, in einem Hotel, zu dem ich immer wieder zurückkehren kann.

Reiseführer? Die lese ich vorher. Buche ein Hotel für die ersten Tage, und danach folge ich haarsträubenden Tips oder meiner eigenen Intuition, die mich schon oft in merkwürdig mythische Absteigen führte. Da war dieses Gasthaus in einem Sumpfgebiet. Mein Zimmer hatte die magische Nummer 55. Insgesamt gab es vielleicht vier Zimmer. Die Tür ließ sich nicht schließen. Ich setzte mich mit meiner Tasche auf das große Bett, über dem ein Ventilator etwas schief hing. Gleich würde ich aufstehen und ihn einschalten, der Schalter war neben dem Lichtschalter an der Tür. Eine Schlange schob sich ins Zimmer. Ich erstarrte. Dunkelheit fiel. Wie sollte ich jetzt aufstehen und das Licht und den Ventilator einschalten? Ich könnte ja auf die Schlange treten. Ich saß da und registrierte die Moskitos, die ihrerseits anfingen, mich zu registrieren. Dann wagte ich nicht mehr, mich zurückzulegen. Die Schlange könnte ja aufs Bett gekrochen sein und meine Körperwärme suchen. Ich saß auf dem Bett und zählte meine Atemzüge, vier ein, zwei Pause, vier aus, zwei Pause, das ist gut gegen das Herzrasen. Irgendwann war ich so erschöpft, daß ich den Kampf gegen die Moskitos und die Panik vor der Schlange aufgab. Ich sank nach vorn und schlief ein. Am Morgen – keine Mücken, keine Schlange, ein weiterer Tag mit dem, was wir zu Hause schönes Wetter nennen.

In Algier landete ich mit meiner Tochter in einem Hotel, das wunderbare Kacheln im Flur und ein

Fenster zum Innenhof im Zimmer hatte. Wir schoben den Schrank vor das Fenster, falls jemand auf die Idee kommen sollte, mal nachts bei uns vorbeizuschauen. Als wir nach der schweißtreibenden Umräumaktion im Bett lagen, deutete meine Tochter, damals fünf Jahre alt, gutgelaunt an die Decke: Eine Familie von wirklich respektablen Kakerlaken hatte sich über unseren Köpfen versammelt. Wir starrten uns an. Ich töte keine Kakerlaken, weil ich Respekt vor ihnen habe. Immerhin sind sie die ältesten Landtiere dieser Erde und haben ein paar Tricks mehr drauf als wir. Wir sprachen mit ihnen. Kommunikation ist immer eine gute Idee in unangenehmen Situationen. Bewegt euch einfach ans Fußende, war unsere Botschaft an die Ureinwohner. Das taten sie. Wir schliefen sehr gut.
Meine Tochter ist eine unbekümmerte Reisende, weshalb ich mit ihr immer gern unterwegs bin. Doch irgendwo auf die Erde zu sinken und die paar Stunden Dunkelheit zu überbrücken ist selbst ihr gelegentlich zuviel. Das genieße ich, wenn ich allein reise. Eine weggeworfene Zeitung als Untergrund, ein Tuch um den Kopf, um die Ohreingänge zu verstecken, die Tasche als Kissen und um mich herum ein paar Leute, die genau wie ich hier gestrandet sind und sich auf ähnliche Weise behelfen. So geht die Nacht vorbei. Am Morgen suche ich mir eine Bude, in der es

ein heißes Getränk gibt – und das gibt's so ziemlich überall, denn überall schätzen die Menschen am Morgen einen Tee, einen Kaffee oder eine Suppe.

Verbinden, verbünden

Auch wer keine Reise in die eigene Kraft geplant hat, wird feststellen, daß fast alle Reisen nach dem schamanischen Initiationsprinzip verlaufen. Dieses Prinzip besteht hauptsächlich aus drei Phasen:
1. Abreisen.
2. Am tiefsten, gefährlichsten, unerträglichsten Punkt ankommen und durchgehen.
3. Wieder zurückkehren und die Erfahrung in den Alltag integrieren.

Die schamanische Reise ist meistens keine Reise mit dem Körper. Reisemittel sind Trommeln oder Rasseln, und die schamanisierende Person bleibt, wo sie ist – in ihrer Gemeinschaft. Tritt eine Schamanin oder ein Schamane, eine zaubermächtige Person eben, eine körperliche Reise an, dann geht es um eine Visionssuche, das heißt, man entfernt sich aus der bekannten Welt und sammelt Zeichen, die man in der Landschaft, aber auch in Städten finden kann.

Eine schamanische Reise ist immer eine Reise zu den Geistern der oberen und der unteren Welt. Entweder soll ein Mensch vom Sterben abgehalten, geheilt oder eben eine Vision gesucht werden. Bei einer Reise für einen kranken Menschen muß man mit den Geistern verhandeln.

Auch in unserer Kultur gab und gibt es SchamanInnen, die solche Reisen unternehmen. Paracelsus ist da ein bekanntes Beispiel. Der Heiler und Zauberer holte sich seine Kraft bei der alten Muttergöttin des Alpenlandes, der Percht.

Von der Geschicklichkeit der schamanisierenden Person hängt es schließlich ab, ob die Reise erfolgreich wird. Die eigene Macht spielt dabei keine große Rolle. Eher schon Mutterwitz und starke Nerven.

In schamanischen Kulturen ist die Welt in drei Abteilungen aufgeteilt, die durch einen schamanischen Lebensbaum verbunden sind (ich habe darüber in »Die Bärin im elften Haus« geschrieben):

1. Die *Unterwelt* mit all den DämonInnen und wilden Geistern, die besänftigt werden wollen, die unberechenbar sind und die sich oft an Menschen vergreifen, ihnen schaden wollen. Die Unterweltswesen werden nicht als »böse« definiert. Sie sind einfach nicht kontrollierbar. Der Kontakt mit ihnen ist schwierig, erfordert Geschicklichkeit, einen starken Gesang, starke Medizin. Um die Welt ins Gleichgewicht zu bringen, müssen SchamanInnen auch in die Unterwelt steigen können, eine gefährliche Reise, die Ausdauer, Beweglichkeit, Hilfsgeister und große Kraft braucht. Die Wesen der Unterwelt hängen sich besonders gern an Menschen, die

reisen oder Übergänge zu neuen Lebenssituationen zu bewältigen haben. In schamanischen Traditionen werden diese Unterweltswesen nicht »verbannt« oder angegriffen, was auch gar keinen Sinn hätte, weil sie unbesiegbar sind, sondern besänftigt. In Märchen werfen die HeldInnen zum Beispiel mitgebrachte Köstlichkeiten hinter sich, um diese DämonInnen abzuwehren. Im Märchen »Der Mann in allen Farben« (siehe Seite 150), das ein klassisches schamanisches Reisemärchen ist, muß der Held schließlich ein Stück Fleisch aus seinem Schenkel schneiden, um den Adler zu füttern, der ihn wieder in die Oberwelt bringt und damit seine Unterweltsfahrt beendet. Für harmlose, normale Reisende heißt das durchaus, daß sie auf einer Reise gerupft werden können, wertvollen Besitz verlieren, gerade noch mit dem Leben davonkommen können. Das ist dann aber kein Grund zum Jammern (»alles haben sie uns gestohlen«, »mit knapper Not haben wir überlebt«, »schreckliche Strapazen!« usw.), sondern zur Freude, denn wer auf Reisen Hindernisse und Unglücksfälle erlebt, kann sicher sein, mit den Unterweltswesen in Berührung gekommen zu sein, und darf sich jetzt mal fragen, wieso diese Sache nicht total katastrophal ausgegangen ist. Möglich wäre dann nämlich alles.

Ich umgehe diese Katastrophen, indem ich die Geister mit Schnaps oder Rauch füttere (einfach nur rauchen reicht nicht, da sollte der Rauch dann schon wenigstens in alle vier Himmelsrichtungen und zur Erde geblasen werden) und immer meine Reiserassel dabei habe, und wenn ich an die nicht herankomme, habe ich meine Stimme und singe. Man könnte natürlich auch Reime sagen, die Geister lieben Gereimtes, das Problem ist in schwierigen Situationen jedoch durchaus, daß einem kein Reim einfällt oder man sich geniert – sogar noch im Angesicht des Todes.

2. Die *mittlere Welt*. In ihr leben die Menschen zwischen den starken Energien der Oberwelt und der Unterwelt wie zwischen zwei Mühlsteinen. Um nicht zermalmt zu werden, brauchen sie Humor, Gelassenheit und eventuell SchamanInnen, die die Geister ständig besänftigen, mit ihnen sprechen, ihnen Geschenke anbieten und ihnen Seelen abluchsen, die sich die Geister schon holen wollen. In unserer Kultur nehmen Pfarrer, Priester, Ärzte, Psychotherapeuten, aber auch Alkohol, Sex und Zigaretten die Rolle der schamanischen Vermittler ein. Wenn wir Schamanismus nicht als notwendig ansehen, um alle Geister miteinander und mit uns in Balance zu bringen, müssen wir zu Ersatzmitteln greifen, um einigermaßen befriedigt, befriedet zu werden. Das klappt natürlich nicht immer, und dann sprechen wir von einer »Pechsträhne« oder »ungünstigen Sternenkonstellationen«, gern werden auch andere Menschen für ein Unglück verantwortlich gemacht. Das Sündenbockprinzip ist ja in

der christlichen Welt sehr beliebt, bringt jedoch zur Lösung des Problems nicht viel.

3. Die *Oberwelt*. Hier hausen die Hilfsgeister, die Schamanenmütter, die göttlichen Wesen, die luftigen Geister, die Schutzengel und die BeraterInnen. Diese Wesen sind den Menschen meistens gut gesinnt, wenn es ihnen nicht gerade egal ist, was die Menschen so treiben. Im Sinn einer schamanischen Reise ist es schon empfehlenswert, diese wohlgesinnten Wesen auf die eigene Seite zu bringen, weil sich dann die Reise oder das ganze Leben leichter entfalten läßt. Dabei ist es völlig irrelevant, ob jemand betet oder Schutzengel ruft, zu Beraterinnen Kontakt aufnimmt oder alle guten Geister ruft, von denen man ja nicht total verlassen sein will. Es wäre allerdings ein Trugschluß zu denken, daß nichts mehr passieren kann, wenn man erst mal in Kontakt mit diesen hilfreichen Wesen ist. Hindernisse und Mißgeschicke lassen sich allerdings leichter auflösen, und man selbst bleibt dabei irgendwie heiter und gelassen, was ja auch hilft.

Die klassische schamanische Reise führt zum SchamanInnenbaum und hinauf bis zur Krone. Dieser mythische Baum, der Lebensbaum, auf dem alle Wesen versammelt sind, denen man im Leben begegnen wird, wurzelt in der Unterwelt, wächst in der mittleren Welt, wo auf ihm die Menschen leben, und die Krone ragt in die Oberwelt. Auf dem höchsten Punkt des Baumes sitzt die Schamanenmutter, um sie herum gruppieren sich die Hilfsgeister, die eine Schamanin, ein Schamane im Leben für sich gewinnen und von denen sie oder er lernen kann.

Auch ganz normale Menschen haben gelegentlich Hilfsgeister, manche haben sogar eine Schamanenmutter, vor allem jene, die eigentlich schamanische Kräfte haben, sie aber nicht ausleben (können, dürfen). Diese Helferwesen sind da, auch wenn man sich dessen nicht bewußt ist.

Der Schamanismus ist hauptsächlich auf der nördlichen Halbkugel zu Hause, klassischer Schamanismus findet sich unter anderem bei den Inuit (Eskimo) in Alaska, Tschuktschen und Ewenken in Sibirien, Mongolen, Magar und Hunza im Himalaya, in Korea, Tibet, Finnland. Medizintraditionen unterscheiden sich in den verschiedenen Kulturen, fast alle kennen jedoch das Prinzip der magischen, schamanischen Reise, die den Kontakt zu den Hilfsgeistern, zu den BewohnerInnen der Unterwelt und der oberen Welt, zu den Schamanenmüttern herstellen soll. Das Trommeln, Tanzen, Rasseln und Singen, das die Seele auf die Reise schickt, bewirkt den Ausstieg aus dem Alltag und das Eintauchen in eine Sphäre, die im Getriebe der täglichen Bedürfnisse und Notwendigkeiten nicht so leicht zu erreichen ist.

Was hat das alles mit Reisen zu tun?

Die für unsere Kultur so typischen rastlosen Reisebewegungen sind ein Ausdruck für das Phänomen, daß wir nicht mehr verwurzelt sind, uns nicht mehr mitten im Leben spüren, keinen Kontakt mehr zu unseren Hilfsgeistern haben, keine Ahnung davon haben, welche Schamanenmütter uns ausgebrütet haben und wo wir überhaupt ankommen wollen. Wir reisen oft, weil wir keine innere Heimat mehr haben – aber da ist noch diese Unruhe in uns, diese Bewegungsautomatik. Sind wir nicht irgendwann einmal alle herumgezogen, waren wir nicht alle einmal NomadInnen? Etwas davon steckt uns allen noch in den Knochen, die Spur einer alten Energie, von der wir keine Ahnung mehr haben. Denn Nomadisieren bedeutete ja nicht, rastlos herumzuziehen, heimatlos, immer auf Achse. Die Reisebewegung von nomadischen Völkern wie auch von Zugvögeln ist klar definiert: von einem guten Weideplatz, Futterplatz zum nächsten, je nach Saison. Zyklische, nicht ziellose Bewegung ist die Energie, die dieser Art von Reise zugrunde liegt. Ein Rest dieser zyklischen Bewegung ist bei Urlaubsreisen geblieben. Doch der Grund, die auslösende Energie und vor allem die Erfüllung des Zyklus, ist verlorengegangen. Wir reisen ab und kommen nie an, weil wir vorher schon nicht da waren. Rastlos suchen wir woanders etwas, was wir hier auch schon nicht kennen. Der Kopf eilt voraus, der Körper folgt, und die Seele taumelt irgendwo zwischen den Welten dahin – fette Beute für alle Geister, die sich ihren Spaß machen wollen. Wer kennt nicht das Phänomen beim Fliegen: Die Reise geht viel zu schnell, der Körper ist angekommen, man spürt die veränderte Atmosphäre, das Wetter, die Strapazen, aber die Seele hängt irgendwo dazwischen, man weiß nicht so recht, wie man sie wieder einfangen soll, fühlt sich daneben, ist nicht bei sich, wird vielleicht sogar krank. Kaum hat man sich einigermaßen am Urlaubsort eingelebt, muß man schon wieder nach Hause reisen. Zu Hause träumt man vom Urlaubsort, sehnt sich, kommt im Alltag nicht wirklich an und will eigentlich nur wieder weg. Im schamanischen Sinn geht die Seele verloren und muß wieder gerufen werden.

Wie ruft man eine im Urlaub verlorengegangene Seele? Die meisten Frauen haben, auch ohne magisch orientiert zu sein, ihre eigenen Methoden. Eine muß sofort die Reisekleidung in die Waschmaschine werfen, die andere läuft durch die Wohnung, nimmt Kontakt zu ihren vertrauten Dingen auf. Eine ist erst dann wieder wirklich zu Hause, wenn sie sich eine Kanne Tee gemacht hat, die andere muß sich ein Bad einlaufen lassen und dazu Musik hören. Wir haben alle unsere Mittel, die Seele zu rufen, wenn wir diese Rituale auch nicht als magisch oder schamanisch bezeichnen würden. Die Geister des fremden Landes andererseits werden durch Mitbringsel gerufen, die die Funktion von Helferwesen, Fetischen, Geisterwohnorten erfüllen. Wer sich Fotos von einem wunderschönen Urlaubsort aufstellt, eine Kerze anzündet und von der Reise träumt, nähert sich eigentlich dem schamanischen Reise-Ritual.

Für eine schamanische Reise ist es wichtig, sich mit dem Ort zu verbinden, an den man gerät, Verbündete zu suchen, einen Baum vielleicht, einen Menschen, dem man begegnet.

Ich machte mich einmal in New York auf eine schamanische Reise, die mir die Stadt noch einmal in einem ganz anderen Licht, auf einer ganz anderen Ebene zeigte. Meine Tochter Walli wollte unbedingt in das East 10th Street Bath gehen, ich hatte dazu überhaupt keine Lust, weil ich den Broadway, den alten Geisterpfad der Algonkin, ablaufen wollte. Ich ließ mich jedoch überreden und stellte dann in diesem erstaunlichen, eigentlich ziemlich ranzligen Bad fest, daß Walli haargenau den Punkt getroffen hatte: Eine schamanische Reise beginnt nämlich idealerweise mit einem Schwitzbad. Wir schwitzten uns also durch die finnische Sauna, in der eine Afroamerikanerin Yogaübungen machte, durch das irisch-römische Dampfbad, in dem zwei Frauen über eine nicht funktionierende Ehe redeten, zum russischen Schwitzbad, das schon der halbe Weg zur Hölle war, die Steine waren so heiß aufgeheizt, daß man alle Augenblicke kaltes Wasser über sich schütten mußte, das in Kübeln herumstand, um nicht gar gebraten zu werden. Ich konnte mir vorstellen, wie sich ein Hamburger auf dem Grill fühlt. Eine alte sibirische Emigrantin nötigte mich, sie mit Eichenlaub zu peitschen, was ich nicht übers Herz brachte, also machte sie es selbst. Als wir das Bad verließen, das von zwei ehemaligen russischen Olympiasiegern geführt wird, waren wir für jede schamanische Einweihung bereit.

Ich wollte mir am Anfang des Geisterpfads, im Indianermuseum, eine Rassel kaufen, aber alle kosteten über hundert Dollar. Ich sagte, das sei mir zuviel, also winkte mich ein Wächter herüber, drunten im Keller gebe es andere, die nur sechs Dollar kosteten. Wir fuhren in die Unterwelt, er verkaufte mir eine Kürbisrassel mit wunderschönen eingebrannten Tier- und Menschenfiguren. Beinahe hätte ich nicht mehr aus dem Keller hinausgefunden, weil der Mann plötzlich verschwand und alle Türen verschlossen waren. Eine junge Frau schloß mir den Aufzug auf. Half way to hell and back.

Dann machten wir uns rasselnd zu Fuß auf den langen Weg den Broadway hinauf bis Harlem. Vorbei an der Wallstreet, die nach der Mauer heißt, die die holländischen Einwanderer gegen die Ureinwohner gebaut hatten. Die Geister spielen hier ziemlich verrückt, und die Leute an der Börse merken gar nicht, daß sie an Fäden hängen, die nicht von dieser Welt sind. Ein Afrikaner verkaufte mir einen selbstgemachten Anhänger, eine kleine rote Maske, mein

Initiationsamulett. Dann erwarb ich eine geflochtene Schildkrötenmaske von einer Indonesierin, und als ich rasselnd und summend weiter hinaufzog, dachte ich über diese multikulturelle Gesellschaft nach, die mir alle Facetten menschlicher Existenz nahebrachte. Wo der Broadway den Central Park gerade berührt, machten wir einen Abstecher zu den alten Felsen, die wunderbar stark in das frenetische Leben auf dem Broadway pulsieren. In Harlem hing vor einer geschlossenen und vernagelten Bar ein Telefon, das nicht funktionierte, und davor stand ein leerer Ledersessel. Kommunikation findet anders statt. Ich setzte mich in den Sessel, sang und rasselte – meine Tochter nahm's mit Gelassenheit –, und dann sah ich mein Zeichen auf einem Auto, das da geparkt war: Dream on.
Wir gingen weiter, wo die Häuser verfallener und schäbiger wurden. Eine Gruppe schwarzer Jugendlicher kam uns entgegen. Sie trugen einen Ghettoblaster und hörten laute Musik. Meine Tochter Walli sah mit ihrer Wollmütze und ihrer Jacke für einen Dollar wie eine Obdachlose aus, und als sie mich rasseln und singen hörten, blieb ihnen der Mund offenstehen. Wir lachten uns an.
Den angemessenen Abschluß dieser Initiation verdankte ich dann wieder Walli, die zu meiner Initiationsführerin wurde. Sie wollte unbedingt im Vanity, einem Club, tanzen gehen, weil zwei berühmte englische DJs dort auflegten. Da es vor elf

Uhr nachts keinen Sinn hat, in einen Club zu gehen, begleitete ich sie, hatte allerdings nicht vor, mit hineinzugehen. Ich trug eine weite Hose, einen ausgefransten weiten Pulli, Turnschuhe und einen Anorak, und weil es eiskalt war, holte ich mir einen großen Becher Tee, den wir tranken, als wir auf den Türöffner warteten. Zu meiner Überraschung winkte er uns beide rein. Ich zückte meinen Presseausweis, und wir bekamen beide einen freien Drink – spirit for the spirits. Dann tanzten wir zwei Stunden lang die Tanzfläche ein, und ich mußte ein paar Jugendlichen erklären, daß Tanzen nichts mit Drogen, aber alles mit Ekstase und Körperchemie zu tun hat. Gelungene schamanische Initiation!

Grenzerfahrungen

Wofür sind eigentlich Grenzen erfunden worden? Ja, ich weiß, sie trennen Länder voneinander und hüten die Machtphantasien der jeweiligen Herrscher, indem kostümiertes Personal Grenzüberschreitende einschüchtert oder durchwinkt, je nachdem. In einer modernen Welt, in der die Industrie und das organisierte Verbrechen (was manchmal nicht so leicht zu trennen ist) ohnehin global operieren, scheint es ein lächerlicher Anachronismus, nun ausgerechnet die Menschen herumzuschubsen, die vielleicht zwei Stangen Zigaretten, ein Brillantcollier oder ihre letzten Ersparnisse von einem geographischen Ort zum anderen schleppen. Die derzeit unangenehmste Grenze ist die Schweizer-EU-Demarkationslinie. Da die Schweiz es wagt, nicht in die EU einzutreten, werden alle Reisenden ultimativ entmutigt, in der Schweiz auch nur einen Kaugummi zuviel einzukaufen. Die Kontrollen auf der österreichischen Seite wecken unangenehme Assoziationen.
Ich saß im Zug nach Zürich, mir gegenüber ein dunkelgelockter, schnauzbärtiger Mann mit einer

Narbe auf der rechten Wange. Ein junger Zollbeamter riß schneidig die Abteiltür auf und fragte als erstes uns beide: Gehören Sie zusammen? Wir antworteten wie aus der Pistole geschossen gleichzeitig: »Nein«. Das brachte uns jede Menge Ärger ein. Der Mann, von dem ich heute noch nicht weiß, wie er heißt, mußte sich breitbeinig an die Tür stellen und wurde zur Freude des restlichen Abteilpublikums öffentlich gedemütigt, in allen Öffnungen und Schlitzen seiner Kleidung durchsucht, barsch befragt. Ich durfte sitzenbleiben, mußte jedoch den Inhalt meiner Tasche preisgeben: Steine, Muscheln, eine Hühnerkralle, eine Schachtel Tampons, ein Tagebuch, das auch schnell durchgeblättert wurde, Lippenstift, eine Dose Beurre de Cacao – »was ist denn das?«, zwinker, zwinker. Der Spuk dauerte so lang, wie es dauert, bis der Schnellzug von Bregenz nach St. Margarethen gelangt. Nichts gefunden, wiedersehen!
Jedesmal, wenn ich eine so erniedrigende Kontrolle über mich ergehen lassen muß, bei kleineren unschuldigen Schmuggeleien erwischt werde oder zusehen muß, wie jemand so gedemütigt wird, sage ich mir, das ist ein politisches Problem, diese Zollbeamten machen ihren Job, es ist sinnlos ihnen etwas vorzuwerfen. Ich kämpfe den Impuls nieder, sie anzuschreien, zu schütteln, zu ohrfeigen – und Schlimmeres. Und ich weiß, Grenzrituale haben eine ganz eigene Dynamik, und die hat nichts mehr

mit Ländern, mit politischen Zuständen, mit der Machtlust einzelner Beamter zu tun. Eine Grenze ist der magischste Ort, zu dem man sich begeben kann. Wer an einer Grenze arbeitet, ist ständig den Geistern ausgesetzt, die sich an Schwellen, an Grenzen, an Übergangsorten niederlassen und sich von den Machtgelüsten, von den Ängsten, von der Panik und dem Sadismus der beteiligten Menschen ernähren. Grenzen sind gefährliche Orte, auch wenn keine Kontrolle durch Menschen stattfindet, man nichts zu verzollen, nichts zu verbergen hat. Grenzen reißen die eigenen Schutzschichten auf, entblößen die schwächsten Stellen, die Menschen haben und im Alltag bestens hüten. Geheimnisse werden ans Licht gezerrt, private und intime Dinge werden öffentlich, und das Problem damit ist nicht, daß Zollbeamte diese gehüteten Geheimnisse und Intimitäten erfahren, sondern, daß sich die Geister zwischen Beamte und Grenzüberschreitende schieben, sich von dieser Energie nähren und jetzt auf den Emotionen hier und dort ihren eigenen Kessel aufheizen. Zöllner, die jahrelang im großen Stil schmuggeln, sind Geisterbrennstoff, ebenso wie Spießbürger, die durch harmloses Aussehen ihren Spirituosenschmuggel tarnen wollen. Die Lust am Betrügen, am Gesetze übertreten, Zöllner zum Narren halten wird von Geistern geschürt, die erst dann so richtig ihren Spaß haben, wenn alles schiefgeht, wenn die schmuggelnden Zöllner verurteilt und ihrer Existenz beraubt, wenn die Kleinkriminellen vor ihren eigenen Freunden bloßgestellt, in aller Öffentlichkeit gedemütigt wurden. An Grenzen gibt es keine Chefs, keine Experten, keine Durchblicker, alle spielen das Geisterspiel mit. Denn um die wirklich Kriminellen geht es hier sehr selten. Die wirklich großen, gefährlichen Deals laufen an diesen altmodischen Grenzen vorbei. Mag sein, daß der eine oder andere Drogendealer, der eine oder andere Menschenverschieber, Mörder oder Terrorist in einem Eisenbahnabteil oder in einem Auto festgenommen, daß hier ein Schildkrötenschmuggler und dort eine Schmuckdealerin erwischt wird. Volkswirtschaftlich, artenschutztechnisch oder im Sinne der öffentlichen Sicherheit ist all das nicht entscheidend, weil die Hintermänner nicht treuherzig über Grenzen stolpern. Das einzige, was zählt an einer Grenze, ist der Tanz der Geister. Und für grenzüberschreitende Reisende ist es von unermeßlicher Bedeutung, sich das klarzumachen.

Da steht man an einer Grenze, es geht nicht vorwärts. Die Beamten lassen sich Zeit. Je ungeduldiger und unflätiger die Reisenden herummaulen, um so penibler kontrollieren die Zöllner. Natürlich werden Zollbeamte im Freundeskreis immer klagen, wie sehr sie beleidigt werden, wie unverschämt manche Reisende sind, wie hart ihr Job ist – und wie gefährlich, was ja stimmt. Aber wenn sie an der Grenze stehen, sind sie von Geistern getrieben. Nicht ihre eigene Lust am Schikanieren treibt sie dazu, Reisende zu provozieren, bis die ausflippen, sondern die kleinen Geister, die auf ihrem Rücken sitzen und sagen: »Schau mal, wie weit du gehen kannst. Der Kerl ist so unbeherrscht, den treibst du jetzt noch ein bißchen weiter, schließlich tust du nur deine Pflicht hier – vielleicht springt ja noch eine Beleidigungsklage heraus. Du mußt dir ja nicht alles gefallen lassen!«

Manche Reisende befällt vor einer Grenze eine unerklärliche Angst. Gleich werden sie mit der Staatsmacht konfrontiert. Je harmloser die Reisenden, um so heftiger der Schweißausbruch. Man könnte ja etwas übersehen, etwas Falsches getan, etwas Verbotenes mitgenommen haben. Gerade die Menschen, die arglos und unterdrückt vor sich hinleben, geraten am schnellsten in gefährliche Situationen, weil sie sich nie darauf vorbereitet, sich nie mit wirksamen Verteidigungsmethoden beschäftigt haben. Es passiert zwar relativ selten, daß so ein braver Mensch dann wegen einer hitzigen Spontanreaktion oder einer arglosen Schmuggelei im Gefängnis landet, doch allein die Demütigung kann so ein auf Ehrbarkeit ausgerichtetes Leben ruinieren.

Grenzerfahrungen müssen sich nicht unbedingt an Landesgrenzen abspielen. Auf Reisen tun sich andere Grenzen auf, die noch viel schwieriger zu bewältigen sind. Da gab es diesen wundervollen Prospekt, diese traumhaft schönen Bilder, die interessanten Beschreibungen eines Ortes, und bei nüchternem Tageslicht, miesem Wetter und in der Realität des Hier und Jetzt scheint jede Mark, die man an diesem Ort hinauswirft, ein Opfer an die bösen Mächte der Finsternis zu sein. Diese Art von Grenzerfahrungen erfordert schnelles Umdenken, Konzentration, wache Aufmerksamkeit – hier handelt es sich um eine Schwelle in die Unterwelt, die Unterwelt ist hier Symbol für die eigenen dunklen, unbekannten Räume, in denen Gewalt genährt wird. Streit, schlechte Laune, Depressionen, Frustration, Enttäuschung steigen von hier auf. Unterweltstore tun sich unerwartet an den unwahrscheinlichsten Orten auf, und sie lassen sich nicht einfach schließen. Sie erfordern Hingabe an die Initiation, die jetzt fällig ist. Wer wüßte nicht, wie sinnlos es ist, nach einem größeren Geldverlust, Enttäuschungen und Demütigungen noch nach enthusiastisch-schönen Urlaubserlebnissen zu jagen. Wer die miese Erfahrung mit einer falschen Begeisterung aufzufangen versucht, gleicht einem Ertrinkenden, der versucht, sein Untergehen als Tauchversuch hinzustellen. Wohlgemerkt – wer sich hingeben kann, kann bei dieser Gelegenheit tatsächlich tauchen lernen. Was überhaupt nicht funktioniert, sind Schuldzuweisungen, obwohl das die natürliche Reaktion aller gemeinsam Reisenden in einer Krisensituation ist. Viel Zeit vergeht, bis ein von allen akzeptierter Sündenbock gefunden ist, neue Feindschaften etabliert und alte Freundschaften zerstört sind. Danach bleibt nur noch der Griff zu impotenten Sprachformeln wie: »Hätten wir nicht«, und »Wären wir nur«. Wer sich andererseits dem Desaster stellt, es als Schwelle in die Unterwelt begreift und weiß, daß Unterweltsfahrten Initiationen der feinsten Art nach sich ziehen, kann sich sinken lassen, das Unvermeidliche genau anschauen, analysieren, Schadensbegrenzung mit kreativem Neuaufbau der Situation verbinden und als gereifte, gelassene Person aus der widerwärtigen Erfahrung hervorgehen.

Vor allem körperliche Grenzerfahrungen werden immer mehr zum Mittelpunkt von Urlaubsreisen. Wer einen berechenbaren, langweiligen Alltag lebt, sucht Gefahr, Risiko, will an die eigene körperliche Belastbarkeitsgrenze gehen. Anstatt das Offensichtliche zu tun, nämlich den langweiligen Alltag zu verändern, wird die Grenze des körperlich Erträglichen oft überschritten. Ein gefundenes Fressen für Geister aller Art. Die deutsche Sprache ist da wieder sehr genau: »Getrieben« und »besessen« sind oft die Beschreibungen von Extremsportlern, die ihr Leben und manchmal das von anderen riskieren (und verlieren). Wo die Sinne ihre Impulse nicht mehr ans Hirn weitergeben dürfen, weil die Warnungen nicht mehr gehört werden, springen

die Geister ein. Ja, noch höher hinauf, noch steiler hinunter, noch schneller! Ein Leben, das nicht lebenswert ist, führt nicht selten zu unbewußten, verschleierten Selbstmordversuchen durch Extremsport oder besonders riskante Abenteuerreisen.
Eine andere Grenze, die sich bei Reisen unweigerlich auftut, ist die der psychischen Aufnahmefähigkeit, der eigenen Launen. Diese Grenze muß mit dem Ort nichts zu tun haben. Man ist erschöpft, lustlos, sogar das schöne Wetter und die Sonne gehen einem auf die Nerven. Alles ist perfekt, trotzdem stellt sich schlechte Laune ein, die vielleicht durch Mitreisende verstärkt wird, weil sie sich anders verhalten, als man es möchte, oder eben so, wie man's schon befürchtet hat. Die Zeit läuft. Der Urlaub läuft ab. Es geht nur noch darum, Schuldige zu suchen, die man für den abstürzenden Erholungswert verantwortlich machen kann. Diese Schwelle führt zur eigenen Kraft. Und das Gefährlichste an ihr ist die Erkenntnis, daß sich da ein Loch auftut, in das man gleich uferlos stürzen wird: die eigene Verantwortung. Sich fallenzulassen hat den Effekt eines Bungee-Sprungs, und es ist gut zu wissen, welche Menschen oder Kraftorte diesen Sprung auffangen werden. Manchmal ist es einfach eine Kneipe, manchmal ein Frustkauf – im Idealfall ist es ein Ort, der wirklich Kraft gibt, eine lustvolle tiefe Verbindung mit der Natur, den Elementen.

Auf vielen Reisen durch Afrika hatte ich erlebt, wie anstrengend Grenzüberschreitungen zwischen den einzelnen Ländern sind, wenn man mit dem Buschtaxi ankommt, hofft, daß die Kontrolle nicht allzu lange dauert, daß man noch rechtzeitig ein Gasthaus findet und nach Stunden jede Hoffnung aufgibt, um sich irgendwo zwischen Brochettes- und Getränke-Buden schließlich niederzulegen und die Nacht mit ein paar Spinnen zu verbringen. Ich hatte mit arroganten Grenzbeamten gestritten, gedrängelt, mit Geldscheinen gewunken – ohne Erfolg. Diesmal hatte ich die spirituelle Dimension des Grenzübertritts endlich begriffen. Das Buschtaxi spuckte an der Grenze zwischen Ghana und Togo alle Passagiere aus, und wir schoben uns zum Zollgebäude. Ich hatte eine dünne Matte, ein Tuch und »Per Anhalter durch die Galaxis« dabei, von mir aus konnte die Kontrolle auch ein paar Tage dauern. Ich betrat das Gebäude, warf meinen kostbaren Paß, von dem es in Afrika heißt, daß man ihn nie aus der Hand geben darf, weil er die einzige Garantie ist, daß man nicht total untergeht, auf den Tisch, hinter dem drei schläfrige Beamte saßen. Dann ging ich hinaus und legte mich unter einen Baum. Ich hatte das Buch noch nicht aufgeschlagen, als mich ein Junge aufgeregt aufstörte. Ich solle mitkommen. Also ging ich wieder ins Zollgebäude. Vier Schweizer Entwicklungshelfer musterten mich feindselig, sie fingen gerade an, jede Menge Schwierigkeiten zu haben, und ich hätte ihnen aus eigener leidvoller Erfahrung sagen können, daß die verkrampfte, feindselige Art, wie sie darauf reagierten, die Sache nicht besser machte, ließ es aber sein und lächelte aufmunternd. Ich sagte: »Keine Eile!« Der Beamte knallte einen Stempel in meinen Paß, der eine ganze Seite einnahm und reichte mir den Paß: »Gute Reise!«

Auf dieser Reise gelang es mir nicht, drei Seiten des Buchs zu lesen, ich mußte einfach nirgendwo warten! Dafür lernte ich etwas über Hingabe.

Dieser Lernprozeß half mir allerdings bei meiner ersten Reise nach Amerika überhaupt nichts. Die Illusion, daß westlich-zivilisierte Zollkontrollen rational und emotionslos über die Bühne gehen, schwand, als ich das haßerfüllte Gesicht des Zollbeamten auf dem John-F.-Kennedy-Flughafen in New York sah. Ich lehnte mich gegen das Pult, das sein kleines Königreich zu sein schien. Er herrschte mich an, Abstand zu halten. Eine andere Frau, die es wagte, neben mir zu stehen und etwas fragen zu wollen, schrie er völlig unkontrolliert an, sie solle sich zum Ende der Schlange begeben und gefälligst warten. Da saß einer auf der Schwelle, der dieser Energie offenbar überhaupt nicht gewachsen war. Ich mußte spontan an den Brauch denken, der den Bräutigam die Braut, egal, wie schwer, über die Schwelle heben läßt. Schwellengeister sind unberechenbar, wild, hinterlistig.

Nicht nur die Grenzüberschreitenden bekommen das zu spüren. Wer immer mit diesen Geistern arbeiten muß, sie jedoch nicht kennt, nicht wahrnimmt, wird von ihnen heftig hergenommen. Der New Yorker Zollbeamte hatte bestimmt was mit dem Magen, er sah bleich aus. Zwei tiefe Linien gruben sich von der Nase bis zum Kinn. Armer Kerl. Wenn ich ihm jetzt allerdings auch noch gesagt hätte, wie er mit den Schwellengeistern umgehen soll, hätte ich meinen Einreisestempel vermutlich nie bekommen.

Ich erlebte auf meinen Reisen viele unangenehme Überraschungen an Grenzen, das mochte einerseits mit meiner politischen Aktivität als Sponti-Linke zu tun haben, andererseits war sicher mein schlechtes Verhältnis zu meinem Vater an meiner Grenzverkrampfung nicht ganz unschuldig. Mein Vater war als Pilot des Zweiten Weltkriegs in den Zolldienst übernommen worden, und Grenzen assoziierte ich immer mit den Problemen, die ich als Kind mit meinem Vater hatte. Da eine meiner Freundinnen irgendwann in den RAF-Untergrund abtauchte, galt ich lange Zeit als Sympathisantin, obwohl wir den Kontakt abgebrochen hatten. Das führte zu aufwendigen und manchmal sehr demütigenden Grenzkontrollen. Eines Tages kam ich zu einem Flug nach London recht spät zum Münchner Flughafen und wurde in einen Raum geholt, wo mein gesamtes Gepäck peinlich genau durchsucht wurde. Ich wurde nervös und erinnerte an den Abflug der Maschine, was natürlich, wie ich aus Erfahrung wußte, die Prozedur höchstens noch hinauszögerte. Wut stieg in mir auf, ich war ungefähr so entspannt wie ein Kernkraftwerk vor dem Supergau. Plötzlich klickte es. Ob ich die Maschine erreichen würde oder nicht, spielte keine Rolle mehr. Ich sah mich hierhin-, dorthinhetzen, voll unter Strom, stocksauer, weil nicht alles so ablief, wie ich es unbedingt haben wollte, hörte mich die Gründe dafür herunterbeten, meine Schwester wollte mich am Flughafen abholen, mein Ticket galt nur für diese Maschine, ich konnte keinen späteren Flug nehmen und so fort. Ich mußte lachen. Ich bin eine von denen, die ich immer so verachte, dachte ich. Ich verhalte mich wie jeder blöde Manager, wie jeder Gschaftlhuber, dessen Zeit so kostbar ist, daß er sie nicht mit subalternen Kreaturen verbringen will. Ich atmete zum ersten Mal wirklich bewußt ein und aus. Dann sagte ich zum Zöllner: »Ich weiß, daß ich von Ihnen etwas lernen kann. Bitte sagen Sie mir, was es ist.« Er sah mich verblüfft an. Dann schob er mir die Tasche hin und sagte, ich könne gehen. Ich hatte den Türhüter zu meiner Initiation in die heitere Gelassenheit überlistet.

Wo Grenzen bewacht werden, appellieren die Geister an die niedrigsten Instinkte. Die einen wollen um jeden Preis akzeptiert werden, dazugehören, geliebt werden. Die anderen wollen Macht ausüben, Menschen ausschließen, ertappen, hinauswerfen. Das Energiefeld vibriert von Angst und Haß auf alles Fremde. Verachtung.

Das beängstigende Ritual des Überprüftwerdens kann jedoch auch zur erhellenden Einweihung werden: Wer bist du? An welchem Punkt deines Lebens stehst du gerade? Welche Länder hast du bereist (das heißt, welche Erfahrungen hast du gesucht)? Aus welcher Familie kommst du? Was für eine Geschichte hast du? Wohin willst du? Warum? Wer die Bürokratie, die das Ganze umhüllt, abschälen kann, findet sich mit wertvollen Fragen konfrontiert – eine gute Gelegenheit, herauszufinden, was gerade *ist*. Einer der seltenen Augenblicke der Wahrheit tut sich auf.

Ich kam von einer schamanischen Visionssuche in den Bergen zurück. Da ich nach vier Tagen unter freiem Himmel recht verwildert aussah, wurde ich an der Grenze angehalten. »Was haben Sie dabei?« fragte mich der Beamte. Ich war immer noch mit den seltsamen Erlebnissen beschäftigt, die mich die letzten Tage in Atem gehalten hatten, ein Stern hatte sich zu mir heruntergebeugt und mich ein Stück mitgerissen, ich hatte einen Adler gesehen und Stimmen gehört (Frauen sangen: Eine Nacht in Monte Carlo), ich hatte eine Wurzel gefunden, die die Form von einem Gehirn hatte und in die jemand einen Nagel getrieben hatte, auf einem Plateau, wo Lärchen im Halbkreis standen, hatte ich ein Vollmondritual gemacht und seit zwei Tagen hatte ich nichts gegessen. Was also hatte ich dabei? Diese Frage öffnete das Tor zu einem komplexen, unerklärlichen Raum, in dem sich die materielle Wirklichkeit mit den vielen Schichten der spirituellen Impulse traf. Was sollte ich ihm sagen? Ich öffnete einfach den Kofferraum. Ich stieg zuerst nicht aus, doch die Stille hinter dem Auto ließ mich schließlich doch die Tür öffnen und nachschauen. Der Zöllner stand fasziniert vor dem Kofferraum voller Steine, Tarotkarten, Federn, Hühnerkralle, Decke. Er holte tief Luft und sagte: »So viele Steine und nur eine Unterhose!«

Aus der Art, wie Kinder Grenzen ziehen, kann man lernen, magische Räume zu erkennen und zu öffnen. Hier darfst du nicht rein. Du darfst nur auf die weißen Kästchen gehen. Du darfst nicht auf die Linien steigen. Hier sollte das Burgtor sein, und das sollte verschlossen sein! Ich sollte hier wohnen, und du solltest nicht hineindürfen.
Magische Bannzauber legen Orte frei und binden Energien fest. Was ich rufe, kommt, was ich banne, muß bleiben. Magische Orte liegen den geographischen Orten zugrunde. Hier ist zwar geöffnet, aber du kommst trotzdem nicht durch. Du hast zwar einen Paß und darfst trotzdem nicht passieren. Hier

kommst du nicht weiter, aber das Wunder geschieht, jemand findet einen Durchgang. Reisen, vorwärtskommen, bleiben, blockiert werden hat nichts mit den praktischen, sichtbaren, greifbaren, logischen Gegebenheiten eines Ortes zu tun. Die Grenzwächter der magischen Landkarte lassen sich von Ländergrenzen, von Zollbeamten, von Streß und Eile, von wichtigen Personen, von dringenden Geschäften und nötigen Reisen nicht beeindrucken. Wer es nicht schafft, in die Welt der Impulse einzusinken, die geheimen magischen Gesetze der spirituellen Welt zu entziffern, Zeichen zu lesen und auf Signale zu hören, kann seine ordentlich entworfenen Reisepläne gleich vergessen.

Typisch für solche Geisterumleitungen sind Beschreibungen wie: Da wollten wir unbedingt hin, aber ich weiß gar nicht, warum sind wir dann eigentlich doch nicht gefahren? Auf der ganzen Reise hatten wir nur Ärger, ein Hindernis nach dem anderen...

Grenzüberschreitungen sind immer auch Reisen in die eigene Traumzeit, in die Räume der eigenen traumatischen Erfahrungen, in das Gewebe der eigenen Schrecken. So wird jede Reise immer auch zur schamanischen Reise, ob wir das wahrhaben wollen oder nicht. Unsere Kraft steht auf dem Prüfstand, wir wachsen oder brechen zusammen. Wenn die Reise gelingt, verstärkt sich das magische Gewebe unseres Traumzeitkörpers, Zuversicht und Freude

breiten sich aus und nähren die Fähigkeit zu rufen, zu bannen, zu vertreiben, zu verwandeln.
Desillusionierung ist nicht etwa Entzauberung. Im Gegenteil. Sie ist der Beginn der wahren Magie, der Einstieg in die eigene Traumzeit, die mit Illusionen nichts zu tun hat. Am Ende ist jede Grenze, jede Schwelle, jeder Übergang für jeden Menschen die ureigene Standortbestimmung in der Landkarte der Traumpfade.

Geistreisen

In der Welt der Pauschalreisen wird manchmal vergessen, daß wir die meisten Reisen nicht etwa mit dem Körper, sondern mit dem Geist machen – wir träumen uns irgendwohin. Und die Reisen des Körpers decken sich durchaus nicht immer mit den Reisen des Geistes. Bei Flugreisen bleibt der Traumkörper, wie vorn beschrieben, oft zurück, man kommt nicht wirklich an, und der Körper muß tagelang auf die Essenz, den Geist warten.
Der Geist ist frei. Er ist auf die Beweglichkeit des Körpers, auf Reisebudgets, auf den Mut, fremde Länder zu erkunden, nicht angewiesen. Wir haben uns angewöhnt, die Begrenzungen des Körpers auf den Geist zu übertragen, anstatt die Freiheit des Geistes auf den Körper. Und doch macht jeder Mensch unendlich viele Reisen im Geist. In Geistreisen, Phantasiereisen transzendieren wir Reisebewegungen mit dem Körper und auch die Notwendigkeit, das Erlebte in Form von Fotos und Filmen zu beweisen. Wir träumen uns zu Menschen, die wir lieben, nach denen wir uns sehnen. Wir sehen ihre Umgebung, gehen in der Phantasie die Orte ab,

an denen wir uns gemeinsam aufgehalten, Glücksgefühle erlebt haben. Gerüche und Musik wecken Erinnerungen an Orte, die vor unserem inneren Auge auftauchen und fast greifbar wirklich werden. Wir träumen uns an Orte, die wir gern besuchen würden, die wir vielleicht in Zeitschriften gesehen haben, zu denen wir nicht reisen können, weil es unsere finanziellen Möglichkeiten übersteigt. Sind diese Reisen weniger real? Ist dieser Zustand kurz vor dem Einschlafen, in dem wir uns zu fremden Orten begeben und dort seltsame Erlebnisse oder Glücksgefühle einfangen, nur das Ergebnis einer lebhaften Phantasie?
Nach meiner ersten Afrikareise flog ich mit meiner Tochter zurück nach Deutschland, während mein Freund mit seinem besten Freund im umgebauten Lastwagen weiterfuhr, tiefer ins Herz Afrikas hinein. Lange Zeit hörten wir nichts von den beiden. Eines Tages fing ich an, mir Sorgen zu machen. Ich beschloß, eine Trancereise zu den beiden zu machen, um sie zu suchen, um etwas über ihren Aufenthaltsort, ihren Zustand zu erfahren. Die ungefähre Route, die sie geplant hatten, kannte ich. Zuerst vertiefte ich mich in die Landkarte und rechnete ein bißchen herum, wo sie jetzt sein könnten, wo ich suchen mußte. Ich räucherte mit Benzoe und Rosmarin und setzte meine Rassel in Bewegung. Die rechte Hand schüttelte die Rassel, der Rest meines Körpers ging in diese Trancestarre, die

durch monotone Geräusche wie Rasseln oder Trommeln entsteht. Noch hatte ich die kontrollierten Trancen der Yoruba im Voodookult nicht kennengelernt, noch wußte ich nicht viel über Trancereisen und die Fähigkeit des Geistes, sich vom Körper zu lösen und herumzuwandern. Ich rasselte, fühlte mich abwesend und seltsam wach zugleich. Ich stieg auf in die Luft, immer begleitet von dem kontinuierlichen Schhtschhtschht der Rassel, unter mir lag das Meer, Sonnenfunken auf der Wasserfläche blitzten mich golden an, die Wüste tauchte auf, rotbraunes trockenes staubiges Land. Oasen, Palmen und noch mehr Wüste, karge Gebirge, ich navigierte meinen Geistkörper nach der imaginären Landkarte in meinem Kopf dorthin, wo ich die Freunde vermutete. Runde Lehmhäuser, mit Stroh, mit Wellblech gedeckt, erschienen in meinem Blickfeld. Ich sah Menschen nach oben blicken. Sahen sie mich? Sah ich sie wirklich? Ich schwebte mühelos zum Rhythmus der Rassel einem Ballon gleich übers Land. Grüne Urwälder, noch mehr Dörfer, ein Fluß schimmerte im Abendlicht. Dann wurde es dunkel. Kaum ein Licht war zu sehen. Vereinzelt kleine Feuer, ich sank tiefer. Plötzlich konnte ich den Geruch der Holzfeuer riechen. Fast wäre ich zurückgesunken, um den Duft einzuatmen und zu genießen, aber ich blieb sitzen und rasselte weiter, denn ich wußte, die Rassel war mein Reisemittel, meine einzige Chance, dort anzukommen, wo ich ankommen mußte. Ich ließ mich im Nachtwind treiben, hörte Musik aus Boomboxen scheppern, hörte Trommeln und hohe Frauenstimmen. Hunde bellten. Stille. Dunkelheit. Ich schwebte dahin, stellte meine Sensoren auf den Körper, den Geruch meines Freundes, auf seine Gedanken, sein Magnetfeld ein. Ein Hahn krähte, im Osten erschien ein Lichtstreifen, ich schwebte dem Morgenlicht entgegen, unter mir lag dichter grüner Wald. Plötzlich störte ein Gedanke mein müheloses Dahingleiten: Ich bin schon so weit geflogen, ein Tag, eine Nacht sind vergangen, ich kann nicht mehr weiter. Meine Hand rasselte, ich blieb in der Luft stehen, drohte abzustürzen. Ich atmete tiefer und konzentrierte mich auf das Schhtschhtschhtschht der Rassel und setzte mich wieder in Bewegung. Mein Mund fühlte sich trocken an, aber irgendwo ganz weit weg – nicht mehr wirklich. Fremd war mir jetzt mein Körper. Ich spürte ihn irgendwo an der Peripherie meines Bewußtseins, ich war nicht in der Lage, ihn zu bewegen oder seine Bedürfnisse zu stillen. Ich flog über einem Fluß dahin, plötzlich lichtete sich der Wald zu einer Art Schneise. Das war jedoch kein Weg, sondern eine Art Wasserschneise. Und dann konnte ich Menschen erkennen. Afrikaner, die am Rand der Schneise standen, Frauen, die Lasten auf ihren Köpfen trugen, Kinder auf den Rücken gebunden.

Ich war müde. Es war eine spirituelle Erschöpfung, meine Konzentration ließ nach. Ich ließ mich im Geäst eines hohen Baums nieder. Auf dem Ast sitzend, beobachtete ich die Menschen, die hintereinander an diesem Wasserlauf gingen. Ein Affe tauchte auf, musterte mich, streckte die Hand nach mir aus. Meine Gedanken verbanden sich mit dem Affen. Er erkannte mich, er schien mich anzugrinsen. Er setzte sich ganz nah zu mir, als wolle er mich mit seinem Körper berühren. Ich konnte seinen Körper fühlen, fühlte er meinen? Ich stieß mich vom Ast ab und flog weiter. Der Affe stieß hohe verwunderte Schreie aus. Ich folgte dem Wasserlauf und entdeckte einen Lastwagen. Und dann konnte ich erkennen: Der Wasserlauf war eine überschwemmte Piste, der Lastwagen war der umgebaute Magirus meiner Freunde. Er steckte im Schlamm fest. Beide versuchten, ihn flottzumachen. Mein Freund steckte fast bis zur Hüfte im Wasser, der andere saß am Steuer und ließ den Motor aufheulen. Ich versuchte, Kontakt aufzunehmen, doch es gelang mir nicht. Später erfuhr ich, daß mein Freund intensiv an mich gedacht hatte. Auf die Idee, daß mein Geistkörper über ihm schwebte, konnte er jedoch nicht kommen. Die Vorstellung war zu unwahrscheinlich. Ich versuchte sogar, den Magirus zu schieben, aber ich hatte keine physische Kraft zur Verfügung, ich hatte ja dort, in dieser Urwaldschneise keinen wirklichen Körper zur Verfügung, war ja nur Energie. Zudem ließ meine Kraft merklich nach. Ich merkte, wie frustriert, wie erschöpft ich war, wie stark mein Körper sich jetzt meldete. Ich rasselte mich zurück, flitzte mit der Geschwindigkeit eines Hurrikans über die Wüste, wirbelte Staub auf und dachte: Entstehen Sandstürme auch so? Weil Menschen oder auch die Dschinns, die Geister, drüberfegen? Ich raste übers Meer, jetzt immer in der Angst, die Kraft könnte mich verlassen, ich könnte abstürzen. Der Rückweg muß in einer Trancereise wenigstens ungefähr wieder nachvollzogen werden, wenn nicht ein Teil der Energie zurückbleiben soll, der dann wandert und schwer wieder einzufangen ist. Ich rasselte mich zurück in meinen Körper, der noch starr dasaß, ich atmete mich zurück in meine Hand, die rasselte, in meine Schultern, die starr und unbeweglich den Körper hielten, in meine Wirbelsäule, die mich aufrichtete, in meinen Bauch, in meine Füße, die eingeschlafen waren. Ein paar letzte Rasselbewegungen brachten mein Bewußtsein zurück in mein Zimmer. Ich ließ die Rassel sinken, legte mich lang hin und ließ den Atem stärker und körperlicher aufsteigen, atmete heftig aus, kam wieder zurück, öffnete die Augen, fing an, mich zu drehen, zu rollen, zu drehen, zu strecken, zu gähnen. Dann machte ich mir Tee und fühlte, wie die heiße Flüssigkeit meine Organe weckte, mich in die Welt meiner Sinne, meiner körper-

lichen Realität zurückholte. Die Reise, die mit dem Körper Wochen gedauert hätte, hatte mich gerade mal eine Stunde beschäftigt, allerdings mit dem Gefühl, sehr lang und sehr weit weg gewesen zu sein. Als etwa zehn Tage später mein Freund anrief, bestätigte er mir, daß er in Zaire zwischen Ekok und Mamfe auf einer überfluteten Urwaldpiste im Schlamm steckengeblieben war. Ich beschrieb ihm das Bild – es stimmte bis ins Detail.
Für westeuropäische »rationale« Menschen klingt das fast unglaublich, ja wie ein Wunder. In afrikanischen animistischen Traditionen ist die Trancereise ein fester Bestandteil der Realität – die andere Seite der Wirklichkeit. Ich hatte in Ghana eine Frau kennengelernt, die eines Morgens von einer unerträglichen Unruhe erfaßt wurde. Sie fiel in eine Art Starre, aus der sie mit der Gewißheit wieder auftauchte, ihre Mutter besuchen zu müssen, die gut fünfzig Kilometer entfernt in einem Dorf am Meer lebte. Es gab kein Telefon. Angelina band sich ihren Säugling auf den Rücken, ein paar Münzen ins Hüfttuch und machte sich zu Fuß auf den Weg. Als sie nach einer Woche zurückkam, erzählte sie, daß ihre Mutter sehr krank und nach ihrer Ankunft gestorben war. Die Mutter hatte auf sie gewartet, hatte sie gerufen. Und Angelina hatte das Dorf, die Mutter, die Nachbarn gesehen und gewußt, daß sie gerufen wurde und losgehen mußte. In unserer Kultur haben Menschen vielleicht diese Impulse, die-

ses unbestimmte Gefühl, jemand rufe sie, brauche sie. Doch sie folgen diesem Impuls nicht. Vielleicht greifen sie zum Telefon. Vielleicht verdrängen sie den Gedanken.

Ich hatte als Kind so viele amerikanische Filme gesehen, so viele Erzählungen über Amerika gehört, daß meine erste Reise in den amerikanischen Südwesten überhaupt keine Überraschung mehr war. Tatsächlich entsprach die Landschaft meiner Vorstellung. Die Menschen, die Musik, die Motels, ja sogar das Essen deckte sich mit meiner Phantasie. Ich empfand es trotzdem nicht als sinnlos, mit dem Körper tatsächlich dorthin zu reisen, denn so wie eine Geistreise zwar Impulse gibt, aber keine sinnlichen Eindrücke, keine verbale Kommunikation möglich macht, kann auch ein imaginiertes Essen nicht satt machen oder nur den Hunger überbrücken, hält imaginierte Zärtlichkeit körperlich nicht vor.

SchamanInnen reisen nicht unbedingt zu anderen Orten auf dem Erdball. Ihre Aufgabe und ihre Fähigkeit ist es, die anderen Ebenen des menschlichen Seins zu erforschen und zu bereisen.

In einer schamanischen Trancereise tauchte der Schamane Angarkog tief hinunter ins Meer zur Meeresmutter Sedna. Je tiefer er sank, um so besorgter war er, ob ihm die Luft ausreichen würde. Plötzlich fuhr die Angst wie ein Blitz durch seinen Körper: Ich ertrinke. Ich kann nicht atmen. Die An-

wesenden der schamanischen Seance sahen, wie sich sein Körper krümmte, wie er keuchte und nach Luft schnappte. Seine Linke hielt unbeirrt die Trommel, seine Rechte schlug fortwährend auf die Trommelhaut. Der Schamane kämpfte mit seiner Angst und tauchte tiefer. Dann beschrieb er den Durchbruch: Er wußte, er brauchte nicht zu atmen. Jetzt war er frei. Er ließ sich tiefer und tiefer sinken, überquerte die vereiste glitschige Brücke, die zur Behausung von Sedna führte. Jetzt beschäftigte ihn der Gedanke, was wohl passieren würde, wenn er ausrutschte und von der Brücke stürzte? Würde sein Körper sterben? Als er Sedna erreichte, mußte er sofort seinen Kamm herausziehen und sie kämmen, denn das liebte sie. War er nicht schnell genug, würde sie ihn umbringen. Wie würde sie das tun? Würde sie seinen Geist fangen? Würde er fortan wahnsinnig sein? Würde sein Herz aufhören zu schlagen? Angarkog kehrte von seiner Reise zu Sedna am Ende erfolgreich zurück. Sind SchamanInnen schon von Reisen nicht zurückgekommen? Ich kenne nur den Bericht einer Frau im nepalischen Himalaya, die erzählte, ein Schamane sei bei einer Seance tot umgefallen. Was war ihm geschehen?
Auf Geistreisen begegnen wir anderen Wesen als lebendigen Menschen. Geistern, die wie wir selbst durch die Luft schweben, Menschen ärgern und necken, Geschirr zu Boden werfen, Feuer auslö-

schen, Schlüssel verstecken. Als ich nach langer Zeit zum ersten Mal wieder nach Afrika reiste, nach Timbuktu in Mali, hatte ich eine einschneidende Begegnung mit Geistern. Ich bekam einen Platz in einem Versorgungsflugzeug nach Timbuktu und erreichte die Oase gegen Mittag. Als ich aus dem Flugzeug stieg, hatte die Luft eine Temperatur von achtundvierzig Grad im Schatten. Kein Schatten für mich in Sicht. Mein Körper schmurgelte unter der sengenden Sonne. Ich packte mir Baumwolltücher auf den Kopf und wedelte mir mit meinem weiten afrikanischen Gewand Luft zu. Zwei Tage saß ich apathisch im Schatten herum, dann begann ich, mich an die Hitze zu gewöhnen, und wanderte durch Timbuktu und hinaus in die Wüste. Hinter einer Düne fand ich Tausende von Knochen. Menschenknochen.

Anfang der neunziger Jahre waren hier Tausende von Tuareg bei einem Aufstand umgebracht worden. In Panik floh ich zurück zu den Menschen, aber die Geister hatten mich erkannt. Ich besuchte einen Marabout. Er wollte, daß ich einen Grigri, einen Talisman, von ihm kaufte. Er behauptete, das sei ein von ihm gefertigter Grigri. Ich konnte jedoch sehen, daß das Lederamulett alt und getragen war. Es dauerte ziemlich lang, bis ich ihm entlocken konnte, daß dieser Grigri von einem der toten Tuareg getragen worden war, daß er ihn an sich genommen hatte. Ich kaufte ihn trotzdem und trug ihn, besänftigte ihn, räucherte ihn mit dem Räucherwerk, das es auf dem Markt von Timbuktu zu kaufen gab. Nachts saß ich an einem Tuaregfeuer, und plötzlich konnte ich die Geister erkennen, die auf den Menschen ritten. War's die Hitze, war's meine »lebhafte Phantasie« oder die Geister, die den Grigri bewohnten? Ich sah zwei Quälgeister, die einen Mann so lang zwickten, bis er wie wild um sich schlug. Ich sah auf einem in sich zusammengesunkenen Mann eine formlose Nebelhülle diesen Mann würgen, schließlich konnte ich sogar die Geister sehen und spüren, die mich trieben. Ich fütterte sie mit Räucherharz, das ich ins Feuer warf. Ich bedankte mich bei ihnen. Sie hatten mir gezeigt, daß die Menschen an den Fäden der Geister hängen, oft von ihnen gesteuert und zum Narren gehalten werden, daß die greifbare Wirklichkeit von der geträumten ergänzt wird, daß Reisen mit dem Körper von Reisen mit dem Geist begleitet, vorbereitet, abgerundet werden.

Vor dem Einschlafen gehe ich jetzt oft an Orte zurück, die mich fasziniert haben, an denen ich sehr glücklich war, wie zum Beispiel zu den Berggöttinnen des Himalaya. Und wenn ich auf dem Schoß von Chomolungma, der höchsten, erhabensten aller Berggöttinnen, sitze, mich von ihr schaukeln lasse, mit den nackten Zehen ihre Haut kraule, habe ich kein Problem mit der dünnen Luft, mit

Symptomen von Höhenkrankheit oder körperlicher Erschöpfung. In der Geborgenheit meiner Wohnung, ganz bei meinen Wurzeln, mit diesem Gefühl, wirklich zu Hause zu sein, kann ich die Begegnung einfach genießen, während ich in den Traum gleite.

Traumpfade – zu Hause

Es dauerte eine Weile, bis ich etwas Entscheidendes über Reisen begriff: Nicht die Entfernung von zu Hause, die fremden Eindrücke sind das Wichtigste, sondern die Qualität des Erlebens. Meine ganze Kindheit war erfüllt von einer Sehnsucht nach der großen Welt. Als ich zum ersten Mal nach Afrika kam, merkte ich, daß dort Kinder auch die ganze Zeit von der großen Welt träumen, und die ist irgendwo da, wo ich herkomme. Wie kommt es, daß die Welt immer woanders ist? Ist die Welt immer gerade da, wo wir nicht sind? Die große, die ersehnenswerte Welt jedenfalls? Als ich zu reisen begann, fielen die Schichten meiner kindlichen Sehnsucht ab und wurden zu einer neuen Haut: Jetzt hatte ich Gerüche, Musik, Stimmen, Berührungen dieser ganz anderen Orte der Welt, von denen vorher nur Träume zur Verfügung gestanden hatten. Im Traum gestaltet man alles nach der eigenen Phantasie. Oft zerspringen dann diese Träume, alles wird banal und schäbig. Zu den Träumen kommt der Dreck, die Hindernisse, die so eine Reise beinhaltet. Und manchmal wird dann der enttäuschte

Traum zum bitteren Triumph: Das war's nicht wert! Ich hab's gesehen! Lohnt sich gar nicht, da hinzufahren.
Das ist jedoch nur die halbe Wahrheit. Die andere ist: Ich habe etwas gesehen, erlebt, erfahren, das ich nicht kannte. Das mich an die Grenze meiner Möglichkeiten trieb und sogar noch drüber. Der Panzer ist aufgesprungen und hat neue Träume eingelassen, ja, gut, neue Alpträume auch. Warum nicht? Daraus entsteht eine neue Sensibilität, neue Erfahrungen spielen mit den alten Mustern, weben neue Gewebe, und die müssen ja nicht unbedingt nur gefällig sein. Es geht ja nicht nur um erhabene Schönheit, um Verzückung, um Erleuchtung, wie oft uns das auch gepredigt wird. Es geht um Wahrnehmung, da sein, ganz im Körper sein, mit allen Sinnen aufnehmen – auch das Häßliche, den Gestank, das Elend. Warum nicht, wenn es Teil der Wirklichkeit, Teil des energetischen Gewebes ist!
Wirklich reisen besteht aus drei Phasen: träumen, erleben, zurückkehren. Alle drei Zustände verschmelzen zur ureigenen Realität, und um die geht's doch, wenn wir reisen und die Welt damit neu gestalten.
Vielleicht mußte ich mich weit fort bewegen, um den heimatlichen Boden unter meinen Füßen neu zu sehen, zu spüren. Wie oft war ich in den Dolomiten oder im Valsertal in der Schweiz an Schalensteinen vorbeigegangen, hatte Steinbecken, ja sogar

Ansammlungen von Steinen, die einen Kreis bilden, gesehen, ohne daß sich mir die Bedeutung erschloß. Erst die Steinkreise in England, die Steintempel mit Schalensteinen und Altarsteinen in Malta, die Lochsteine und Felszeichnungen im Dogonland in Mali, Westafrika, öffneten meinen Blick neu. Jetzt hatte ich so etwas wie eine persönliche Statistik, die unterstützt wurde durch Veröffentlichungen, in denen HeimatforscherInnen ihre Beobachtungen oft genug noch dem Spott preisgaben, bevor alte Kultplätze und Frühgeschichte in Mode kamen. Spinner allesamt! Steinkreise in Südtirol? Keltische Schalensteine in Oberbayern? Kraftorte im Höllengebirge oder in den Schweizer Bergen? SchamanInnen im Allgäu? Das scheint vielen Menschen zu banal, dann schon lieber nach Australien zu den Aborigines fahren! Da erlebt man doch was! Aber nicht zu Hause, wo es überall Fahrkarten von der Deutschen Bahn gibt, wo der Supermarkt überall dieselben Produkte verkauft, wo die Menschen mehr oder weniger so sprechen, wie man selbst. Was macht die Schamanin im Himalaya erstrebenswerter als die Kräuterfrau in Vorarlberg? Warum kommt ein Rat einer weisen Frau in Afrika besser an als derselbe Rat von einer Freundin zu Hause?

Einmal geweckt durch Geister, die in Afrika so viel leichter zu erleben waren, weil es eine allgemeine Absprache gibt, daß Geister da sind und uns beeinflussen, ging ich mit neuer Wachheit und Neugier durch München, durch Bayern, durchs Gebirge. Ich entdeckte, daß der Schuhplattler einem Tanz der Dogon in Mali nicht unähnlich ist, daß Strohmasken und Maskentänze im Alpenraum, die Perchtenläufe, durchaus verwandt sind mit den Gelede-Tänzen in Nigeria. Plötzlich entdeckte ich: Die große Welt ist überall. Überall ist das Gewebe der Träume, der Erlebnisse, der Gewalt, der Mythen. Man kann reisen, aber es ist nicht mehr wichtig, ob und wohin und wie weit man reist. Alles ist da. Überall. Das ist nur eine Frage der Wahrnehmung.

Ich mache mich also immer wieder auf den Weg der Traumpfade – mitten in München. Daß ich in der Nacht losgehe, hilft. Ich begegne weniger fragenden Blicken, muß mich nicht erklären. Barfuß, mit einer Rassel in der Hand laufe ich los in Richtung Isar. Drei Jungs halten mich vor der Kirche am Preysingplatz auf und fragen, wo der Kunstpark Ost sei. Ich erkläre es ihnen, stehe vor der Kirche und erinnere mich, daß wir hier mal ein Stocktanzritual im Meditationsraum gemacht haben. Hier ist ein Wärmefeld. Jetzt hängt an der Seite der Kirche ein Schild der Sportfirma »Nike«. Das war mal ein Basketballkorb für die Kinder, der abgerissen wurde. Diesen Gottesdienst widmet ihnen Nike. Witzig. Nike, die Kriegsgöttin, die Kämpferin. Ich lasse mich von Nike leiten und gehe Richtung Friedensengel, wo die Göttin auf der Hand des goldenen

Engels sitzt. Hier ist eine der ältesten Quellen Münchens, die jetzt gelegentlich einen Springbrunnen speist. Vielleicht war hier ja mal ein uraltes Kultgebiet der Kelten, die die Isar, die Reißende, verehrten. Ich hab keine Lust zu kämpfen, kämpfe du für mich, Nike! Ich gehe zum Fluß hinunter, zu den Kiesbänken, meinem Lieblingsplatz. Hier spüre ich die Kraft dieser Stadt am stärksten. Das tosende Wasser setzt sich gegen den Verkehr, gegen die Hektik der Stadt durch, Bäume beugen sich zu den Steinen hinunter, hier habe ich mein erstes Ritualfeuer gemacht und mit den Pennern eine Weinflasche geleert. Ich unterhalte mich mit dem Gingkobaum, der dürr und hochgewachsen um Licht kämpft, schüttle ihn ein bißchen, streichle ihn. Morgens gehe ich oft mit meiner Yogamatte zum Fluß und mache ein paar Übungen, um den Tag zu begrüßen. Der Osten Münchens ist ein einziges Wärmefeld für mich. Während meiner Schulzeit besuchten wir Jugendkonzerte im Deutschen Museum und tropften uns Zitrone in den Mund. Dies löste bei den Bläsern einen so starken Speichelfluß aus, daß sie nicht mehr spielen konnten. Heiterkeit kommt auf. Der Mond schwimmt blaß und nur halb über der Glaspyramide, die das Dach der Museumslichtspiele abschließt. Beneidenswert, so ein Glasdach zu haben und in die Sterne zu schauen! Richtung Au wird das Flußbett zum Biotop. Da schlafen die Enten, Schilf und Gräser wispern im Traum. Und plötzlich fängt das Wasser an zu erzählen, ich setze mich und höre zu. Wildes Wasser, stilles Wasser, Wasser, das in alle Öffnungen fließt, träge die Steine streichelt, Bäume mit sich reißt. Wie seltsam, daß Menschen dieses Element herausfordern wollen. Ich denke an den Canyoningunfall in der Schweiz. An die Menschen, die zwischen Steinen und Wasser zermalmt wurden. Haben sie nie daran gedacht, wie verletzlich, wie zerbrechlich und schwach der menschliche Körper ist? Bedeutet es nichts, zu leben und zu genießen? Die Erinnerung an den Ganges, an die Flußgöttin Ganga taucht auf. Ich saß bei ihr und hörte die Geschichten von den Pujas, den kleinen Feiern, die jeden Abend für sie abgehalten werden. Ich träumte von ihrer Quelle und gelangte tatsächlich einmal dorthin, so wie ich auch schon an der Quelle der Isar schon war und in ihrem Bachbett viele Rituale gefeiert, mich geheilt, mich erheitert hatte. Mit dem Wasser kommt der ganze Fluß, das Gebirge, die Wacholderbüsche, aber auch der Stausee, die Papierfabrik, der Dreck, den dieser Fluß schlucken muß. Warum macht niemand eine Puja für die Reißende, die Wilde? Wo sind die Schiffchen mit Butterlampen und Blüten, die die Wirklichkeit verzaubern? Ich denke an den Fluß der Oshun in Oshogbo, wo die Priesterinnen Rituale feiern, um die Göttin zu ehren. Ich habe das Wasser von Ganga und das Wasser von Oshun getrunken, jetzt trinke ich das Wasser der Isar, obwohl es verseucht sein soll wie alle Flüsse dieser Welt wahrscheinlich. Doch im Einklang mit der Kraft eines Ortes haben die Krankheitsdämonen keine Macht. Sie lachen nur. Die Isar wird mir zum mythischen Fluß. Bin ich wirklich noch zu Hause? Ist das nicht eins dieser Erlebnisse, von denen man immer glaubt, sie nur in der Fremde haben zu können? Wie anders, wie fremd, ja exotisch ist mir jetzt München. Lichter glitzern im Wasser, die Stille der Nacht öffnet tiefe vergessene Räume in mir. Kaum zu glauben, daß nur zehn Minuten von diesem geheimnisvollen Ort meine Wohnung auf mich wartet. Und warum ist mir diese uralte Buche oberhalb der Grünanlage der Isar nie aufgefallen. Ein Ast beugt sich – schon immer – über den Gehsteig zu den vorbeieilenden Menschen. Ich springe hoch und berühre ihn kurz. Die Blätter wispern. Nie wieder werde ich hier vorbeigehen und diesen Baum nicht wahrnehmen. Ich habe den Zauber der Natur mitten in meinem Alltag entdeckt.

Einmal an Lichtmeß habe ich mit Freundinnen Lichterschiffchen in der Isar schwimmen lassen und aufgeregt beobachtet und kommentiert: Schwimmen sie? Gehen sie unter? Kein Problem. Opfer angenommen. Gelächter. Am Feuer sitzen, singen, träumen. Mitten in der Stadt.

Ich gehe durch die Innenstadt, die nachts immer noch belebt ist, bis zum Königsplatz. Das ist einer der mächtigsten Orte dieser Stadt. Herrscher haben sich hier verewigt, die man vielleicht nicht unbedingt im Gedächtnis behalten will. Hitler ließ den ganzen Platz pflastern, damit die Stiefel lauter knallen bei seinen Männeraufläufen. Vor etwa fünfzehn Jahren kam ich eines Nachts hierher und tanzte auf dem Platz. Ich webte mit Stampfen und Springen neue Impulse, lockte mit Hüftschwüngen und spielerischen Bewegungen meiner Finger, meiner Hände die schlafenden Feen, weckte die Erde, sang und drehte mich, rasselte, jodelte. Das war ein ganz wunderbares Gefühl: Mir gehört jetzt dieser Platz. Ich verbünde mich. Ich bin wirklich da. Vor einigen Jahren wurde das Pflaster herausgerissen und der ganze Platz wieder begrünt. Wenn ich jetzt auf dem Königsplatz oder anderswo nachts tanze, weiß ich, daß Tänze nicht ohne Wirkung bleiben. Tanzend nehmen wir die Welt neu ein.

Schwabing ist mit vielen Gefühlen verwoben, die mit meiner ersten Zeit in München zu tun haben. Ich bediente und sang in Nachtclubs und schlief tagsüber. Nach der Arbeit ging ich meistens durch den Englischen Garten heim. Da saß manchmal ein einsamer Mann, der Trompete spielte. Ich setzte mich und hörte ihm zu. Wenn es ganz still war, kamen sogar Rehe und Füchse in den Englischen Garten. Heute gibt es mitten in der Stadt Hunderte von verschiedenen Vogelarten, die sich aus dem agrochemieverseuchten Land in die geschützten Brachflächen der Parks zurückzogen, Wildtiere aller

Art erobern sich die Stadt, die den Wesen Zuflucht bietet, die sich früher in Wäldern versteckten. Dachse, Dammwild, Füchse, Siebenschläfer, Igel, verwilderte Katzen sehe ich auf meinen nächtlichen Streifzügen. Das wunderbarste Erlebnis war jedoch der Gesang von Nachtigallen im Mai in den Isarauen.

Der magischste Ort ist für mich das Bahngelände unter der Donnersberger Brücke. Teile der Gleisanlagen sind überwuchert. Die Energie dort zeigt am genauesten, was Abreisen und Ankommen bedeutet. Alles fährt hier nur durch. Niemand läßt sich nieder. Nichts ist von Dauer, und doch liegen die Schienen immer gleich da. Niemand kommt auf die Idee, sich hier aufzuhalten, auszuruhen, zu träumen. Aber hier blühen die seltensten Blumen. Nachts streichen Füchse über die nicht benutzten Gleise, sogar einen Dachs habe ich schon gesehen. Die Geräusche der Stadt vermischen sich mit Lauten von Tieren, Piepsen, Heulen, Bellen – und immer wieder ein Zug, der hellerleuchtet durch diese Wildnis gleitet, wie ein Zeichen aus einer anderen Welt, aus einer anderen Zeit, von einem anderen Stern.

Einmal fuhr ich mit dem Fahrrad in Richtung Zugspitze. Eigentlich ist es auf dem Fahrrad besser, kein Ziel zu haben, denn wenn man die Autos auf der nahen Autobahn dahinrasen sieht, hat man schon das Gefühl, man kommt überhaupt nicht vorwärts. Was ist dieses Vorwärtskommen? Was machen die da, wo sie dann hinkommen? Nichts, was ich da machen will. Also wozu die Eile? Ich näherte mich diesem Gebirgseinschnitt, der so archaisch daliegt, daß sogar die Autobahn etwas Mythisches bekommt. Oy. Wie kann ein bayerischer Ort Oy heißen? Neulich erzählte mir eine Frau, daß in Oy frühgeschichtliche Funde gemacht wurden. Das wundert mich nicht. Was für ein Platz! Ich bleibe stehen. Hinter mir die massiven Berge, vor mir dieses weite Voralpenland, unter mir die Toteisseen der Moränenlandschaft, die aus geschmolzenen und überlagerten Gletscherrückständen tief unter der Erde entstanden sind. Dann ragt das Esthergebirge drohend mit seinen Felsen auf. Ungemütlich. Kein Ort zum Bleiben. Auch ohne die Blechlawinen war das vermutlich nie ein einladender Platz für Menschen. Im Höllental lasse ich das Fahrrad stehen und gehe zu Fuß weiter. Höllental – klar, da könnte man jetzt sofort an die christliche Hölle denken. Ursprünglich war Höll ja Hel, der germanischen Totengöttin zugehörig, und die Orte der Hel waren die Initiationsorte der Anderswelt, der Unterwelt meinetwegen, wo sich die Initianden stellen müssen. Wer bist du? Was willst du hier? Was bringst du mit? Hältst du aus, was jetzt kommt? Das ist schon ein viel komplexeres Bild als die Hölle mit dem Feuer und den kleinen Teufeln. Jetzt powert mich die Energie der Felsen, der reißenden Bergwasser an. Ich habe großen Respekt vor Bergen, vor den alten Felsen und den wilden Bächen. Erst als mein Blick ein wenig freier über das Land schauen kann, mag ich mich niedersetzen und mein Brot essen.

Im zwanzigsten Jahrhundert kommt es schon mal vor, daß einem die Menschen zuviel werden und man sich nach Einsamkeit und Stille sehnt, aber im kühlen, manchmal fast abweisenden Magnetfeld der Felsen freue ich mich immer, wenn ich Menschen begegne. Hier hat die Natur nichts Einladendes, nichts kann verkitscht und romantisiert werden. Meine Sinne sind weit geöffnet. Schlägt das Wetter um? Schaffe ich es rechtzeitig zu einer Hütte? Die Füße tasten sich über den kälter werdenden Boden. Die Elemente verlangen volle Aufmerksamkeit, Wachsamkeit. Die Natur ist nicht nur schön, sie ist nicht »lieb«, sie erfordert Klarheit. Sie »schlägt nicht zurück«. Du warst nicht genau genug. Pech gehabt. Also fühle dich ein oder bleib zu Hause. Die Sprache des Windes, der Wolken, der Erde zu lesen wird hier überlebensnotwendig.

Und dann bin ich wieder zu Hause, die Stadt summt und leuchtet, die dunklen Räume der Stadt, die verborgenen Ecken, der Fluß und seine Kiesinseln, die verlassenen Grünanlagen brüten Träume aus. Schlafende Tiere ducken sich in die Mulden und Ecken dieser vergessenen Orte.

Wie konnte nur irgend jemand auf die Idee kommen, in der Stadt gebe es keine Natur. Ist das nicht ein bißchen arrogant, nein eigentlich sogar ahnungslos? Das bißchen Häuser und Asphalt soll die Urkraft der Erde, des Universums bremsen? Der Himmel ist immer über uns, egal, wo wir uns befinden. Mit dem Himmel, den Sternen, dem Mond Kontakt aufzunehmen verhilft uns doch immer und überall zu einer lückenlosen Koordination im Weltall. Wenn ich in den Himmel schaue, kenne ich mich aus und bin verbunden, egal, ob in der Stadt, auf dem Land oder in der Fremde.

»Wie findest du nur diese merkwürdigen Plätze?« fragte mich mal eine Freundin. Aber ich finde sie gar nicht. Ich mache mich auf den Weg, lasse mich rufen, locken. Steige aus Raum und Zeit aus, vergesse Termine, lasse mich treiben, übernehme die Zeitlosigkeit, die Voraussetzung dafür ist, daß Terminkalender platzen und Grenzen aufbrechen. Kraftplätze finden mich, holen mich, verbinden sich mit mir. Sie öffnen sich mir, weil ich mich ihnen öffne. Ich habe einfach aufgehört, einen Kultplatz an den durch die Medien erschöpfend beschriebenen Besonderheiten zu erkennen. Meine Kultplätze sind Orte, die sich mir zu erkennen geben, die starke Kräfte freisetzen, die mich bei sich aufnehmen, mich stärken, mich freuen. Das ist am besten zu Fuß oder mit dem Fahrrad zu erspüren. Im Auto kann man nicht hören, was die Bäume sagen oder spüren, was die Erde an Energie abgibt. Im Auto kann man eine andere Art von Magie erleben: laute Musik, Geschwindigkeit, die Erinnerung an die rasende Bewegung im All, Ekstase, Lichter! Der ganze Autokörper vibriert mit dem Rhythmus der Musik, jetzt ist singen, schreien angesagt. Ich könnte jetzt natürlich auch sagen, wer sich mit dem Blut der Erde fortbewegt (Mineralöl, zu Treibstoff verarbeitet, ist ja gewissermaßen das Blut der Erde), hat einfach schlechtere Karten, aber ich glaube, das stimmt nicht. Wir müssen alle unsere Reisemittel, unsere Initiationsnahrung, unser Kommunikationsmittel mit den Elementen, dem Universum selbst finden und begreifen, daß im Universum nichts nach dem moralischen Prinzip, sondern alles nach dem Ursache-Wirkung-Prinzip läuft.

DIE MAGIE
DES ANKOMMENS

Es gibt in unserer Kultur so etwas wie das Primat der Mobilität. Alle Firmen werben damit, Beweglichkeit ist das Gebot der Stunde. Schnelle Fortbewegung gilt noch immer als Vorteil, obwohl schon längst nicht mehr klar ist, wozu, wo man überhaupt ankommen wird, und was man dort soll. Hauptsache, schnell fortbewegen. »Stillstand« gilt eindeutig als negativer Begriff. Daß etwas »vorwärtsgeht«, ist ein gutes Zeichen. Geschwindigkeit ist ein Vorteil, denn alles muß schnell gehen. Warum eigentlich? Da, wo die Zeit herkommt, kommt immer neue Zeit nach, es gibt also keinen Mangel. Je schneller wir heute irgendwo ankommen, desto weniger kommen wir wirklich an. Und nur wer ankommen kann, sollte das Weite suchen, denn wer möchte schon in der allgemeinen Beweglichkeit aller Teilchen verlorengehen? Im Gegensatz zur Ideologie des Fortschritts suchen die Weltreligionen eher die Langsamkeit, das Verweilen, das Inne-Halten, das Stille-Halten, die Ruhe. Und tatsächlich zeigt ja die Mobilität in ihrer maximalen Entfaltung, daß sie ins Gegenteil umschlägt: Wenn alle mobil sind, stehen alle Autos im Stau, haben Züge und Flugzeuge Verspätung, drängen sich die Menschen in unbeweglichen Massen dahin. Die Mittel, die eine Fortbewegung ermöglichen, gelten hierzulande als Statussymbol. Je schneller, um so imponierender. So wollen Männer immer noch Frauen durch schicke Autos imponieren, Geschäftsleute versuchen, sich gegenseitig mit ihren Miles-and-More-Punkten zu übertrumpfen, und zur vollen Stunde schauen alle auf ihre Uhren, die, mehr oder weniger luxuriös ausgestattet, die Träger daran erinnern, daß ihnen die Zeit nicht mehr selbst gehört und daß Zeit Geld ist. Was immer das auch bedeuten soll. Sich fortbewegen heißt oft einfach nur, von jemandem durch die Welt getrieben zu werden, keine Zeit mehr zu haben, nicht da zu sein.

Auf meinen Reisen durch die Sahara traf ich oft Deutsche, die an den zauberhaftesten Orten nichts anderes im Kopf hatten als: Wie viele Kilometer haben wir heute geschafft? Wie viele fahren wir morgen? Wie hoch war unsere Durchschnittsgeschwindigkeit? Die Geschwindigkeit der Fortbewegung scheint zur Qualität zu werden, in Wirklichkeit verhindert sie jedoch ein Kontaktaufnehmen mit der Landschaft, in der man sich bewegt, mit den Menschen, die man gar nicht wirklich wahrnimmt oder wahrnehmen will, denn sie halten ja doch nur auf. Jede Verzögerung wird jetzt quälend, denn man hat sich ein Ziel gesetzt, und es gilt, dort anzukommen. Wer im ICE sitzt, ärgert sich über jede Minute Verspätung, denn er hat sich in eine Art Beschleuniger gesetzt und weiß im Grunde gar nicht, durch welche Landschaft er jetzt fährt, es ist ja auch unerheblich, denn das einzige, was zählt, ist das Ende der Zugfahrt. Eine Reise in Regionalzügen hat eine völlig andere Qualität. Man muß mehrmals umsteigen, lernt kleine Bahnhöfe kennen, der Zug fährt nicht so schnell, man kann ein Fenster öffnen, die Landschaft wahrnehmen. Um Geschwindigkeit geht es nicht. Die Fahrt wird zur Reise.

Wenn die Zeit begrenzt ist, die man zum Reisen hat, gerät man oft in einen Strudel, soviel wie möglich »mitzunehmen«, so viele Sehenswürdigkeiten wie möglich zu sehen, soviel wie möglich zu erleben. Das eingegebene Programm heißt Rastlosigkeit. Da man die Zeit für knapp hält, ist Ruhe nicht mehr vorgesehen. Zeit wird zum »Luxus«, den sich kaum noch jemand leisten kann. Wieso eigentlich? Das führt dazu, daß man am Ende überhaupt nichts mehr wirklich erlebt. Programmpunkte werden abgehakt. Erleben, aufnehmen, wahrnehmen braucht nicht unbedingt viel Zeit, aber Muße, entspanntes Aufnehmen der Impulse.

Auf meiner zweiten Reise nach Nepal trat mir eine erkrankte Australierin ihren Platz auf einer kleinen Maschine nach Jomsom ab. Jomsom liegt auf knapp dreitausend Meter Höhe im Annapurnagebiet. Ich beschloß dorthinzufliegen, obwohl ich mir eigentlich überhaupt nichts vorgenommen hatte und nur in Kathmandu und Umgebung herumfaulenzen wollte. Alle Nepal-Experten hatten mir gesagt, für eine Wanderung im Himalaya müßte man sich mindestens drei Wochen Zeit nehmen, weshalb ich mir so eine Wanderung gar nicht erst vorgenommen hatte. Weil Jomsom mit Touristen überfüllt war, fing ich an loszuwandern. Das erste Gästehaus, das ich unterwegs fand, gefiel mir nicht, also wanderte ich weiter. Dann blieb ich ein paar Tage in einem kleinen Gästehaus, um mich zu akklimatisieren. Ich sah ein rotes Kloster an einem Felshang leuchten, also wanderte ich dorthin, dann verirrte ich mich ein wenig und kam in einem Dorf raus, das eigentlich in einem für Touristen gesperrten Gebiet lag. Freundliche Bergbewohner halfen mir weiter, gaben mir Unterkunft und Essen und zeigten mir den Weg zu einem anderen Dorf. So zog ich dahin, ohne Ziel, ohne Ehrgeiz, aß und trank mit den Menschen dort, schlief auf Hausdächern und kam irgendwann wieder in Jomsom an. Da waren zehn Tage vergangen, und die erschienen mir wie mehrere Monate. Ich hatte mich gefühlsmäßig weit von der Zivilisation entfernt, wollte nichts erreichen, suchte nichts und hatte keinen Ehrgeiz. Ich spürte meinen Körper, roch die Erde, die Pflanzen, die Suppe, die mir angeboten wurde, die Räucherstäb-

chen, den Milchtee. Die Sonne wärmte meine Haut, der Wind kühlte sie, unter meinen Füßen fing der Boden an zu erzählen. Spitze Steine. Weicher Lehm, glitschiger Untergrund, kalte harte Erde, runde Steine plötzlich. Ich bückte mich nach ihnen, versteinerte Muscheln! Das Meer auf dem Dach der Welt. Ich spürte hinein, verweilte, ließ mich treiben.
Zurück in Kathmandu, zog ich die Energie meiner Wanderung wie einen Schleier mit mir mit. Ich nahm die Stadt anders wahr, entdeckte kleine Tempel in Hinterhöfen, Schreine am Weg, schaute die Menschen mit anderen Augen an, setzte mich, verweilte, hatte plötzlich Zeit. Am Ende hatte mein gesamter Besuch in Nepal nur vierzehn Tage gedauert – unmöglich in vierzehn Tagen wirklich etwas wahrzunehmen? Zeit ist relativ. Wenn ich irgendwo eine Stunde lang warten muß, dehnt sich die Zeit unerträglich, wenn ich für eine Arbeit nur eine Stunde Zeit habe, schrumpft sie zu einem unerheblich winzigen Zeitraum zusammen, in dem nichts Platz hat. Die Realität, die wir erleben, wird durch unsere eigene Wahrnehmung definiert. Je weniger wir wahrnehmen, um so dürrer ist die eigene Wirklichkeit ausgestattet, um so ausgetrockneter die eigene Phantasie. Anderseits wird die Möglichkeit zur Wahrnehmung extrem eingeschränkt, wenn wir uns schnell bewegen und die fremdinduzierten Programme im Hirn mit herumtragen, die

uns dazu auch noch zu einer selektiven Wahrnehmung zwingen. Nur wer bei sich ankommt, kann die Zeit gestalten, die der Schöpfung der Wirklichkeit zur Verfügung steht, kann sie hier dehnen, dort verkürzen, sich hier in ihr genüßlich räkeln, dort mit ihr rennen.

Ankommen ist eine wunderbare, befreiende Energie und das Schönste daran: Im Gegensatz zu reisen ist ankommen billig. Es kostet sogar überhaupt nichts. Ankommen braucht nichts als den Fluß des Atems, mit den Füßen wirklich am Boden stehen, geerdet sein und den Einsatz der fünf Sinne.

Die meiste Zeit unseres Lebens stehen wir auf einem Bein, auf einem Fuß herum in der beliebten Standbein-Spielbein-Stellung. Das hat zur Folge, daß wir die Erde selten mit beiden Fußsohlen spüren und wissen, wie es sich anfühlt, wenn der Körper in der Mitte, zwischen den beiden Bein-Säulen ruht und sich lebendig aufrichten darf, anstatt immer vorwärts zu hetzen und nie wirklich Boden unter den Füßen zu haben. Sich auf beide Fußsohlen, möglichst barfuß, auf die Erde zu stellen und Kontakt zum Boden unter den Füßen aufzunehmen, den man schließlich nicht verlieren will, ist Voraussetzung für das wirkliche Ankommen bei sich selbst. Von den Fußsohlen richtet sich jetzt der Körper auf, die Wahrnehmung bleibt beim Atem. Der Atem verbreitet Wärme und Anregung im Körper, wandert durch alle Zellen, macht sie aufnahmefähig, durchlüftet alle Wahrnehmungsrezeptoren. Jetzt sind wir bereit, einen fremden Ort in uns einzulassen, in ihm anzukommen.

Der gut beatmete Körper kann jetzt die Sinne öffnen, während das Hirn die Impulse verarbeitet und endlich mal Zeit hat, mit ihnen zu spielen und nicht immer die einfachste Lösung, den schnellsten Schluß für das Beste zu halten.

Der Sehsinn ist uns wohl der wertvollste. Wer nicht sehen kann, ist in einer schnellen, ungeduldigen Welt stark behindert. Die Wahrnehmung der Augen hat deshalb in unserer Kultur absolute Priorität. Was ich nicht sehen kann, existiert praktisch nicht. Was ich gesehen habe, muß wahr sein. Viele Täuschungsmanöver basieren auf einer geschickten Irreführung des Sehens. Egal, wie oft uns der Blick getäuscht hat, wir glauben den Augen mehr als der Wahrnehmung der Fußsohlen, dem Gefühl der Haut. Mag sein, daß uns ein Geruch, ein Geräusch einmal eine Warnung ist, selten schließen wir jedoch die Augen, um die anderen Sinne stärker kommen zu lassen. Das verunsichert uns, solange wir die anderen Sinne nicht wirklich geöffnet haben. Die Augen zu schließen erfordert Vertrauen in die Situation, in der wir uns befinden, weil wir den anderen Sinnen meistens nicht wirklich trauen. Weil der Sehsinn so eine große Priorität hat, werden die übrigen Sinne oft gar nicht abgefragt, obwohl sie uns viel mehr Auskunft über eine Situation geben könnten. Wirklich ankommen heißt also auch, den Blick nach innen zu richten und die anderen Sinne ein bißchen weiter auszufahren. Was fühlt meine Haut? Wie kommen die Atembewegungen einer Landschaft, die Berührungen, die Temperaturen bei ihr an? Wie fühlt sich meine Haut? Wie glücklich ist sie mit der Situation, der ich sie aussetze? Signalisiert sie dem Hirn Unbehagen? Nehme ich das wahr? Lasse ich es zu? Und wenn nicht, warum eigentlich nicht? Die Haut ist ein Teil unseres Datenverarbeitungssystems. Sie zu ignorieren heißt, auf wertvolle Informationen zu verzichten.

Den eigenen Riecher zu aktivieren erleichtert das Ankommen, denn Gerüche leben in der Gegenwart. Es ist schwer, einen Geruch zu imaginieren, vorwegzunehmen, was mit einer optischen Wahrnehmung durchaus gelingen kann. Ich kann wissen, daß es irgendwo stinken wird, aber da mein Geruchssinn es nicht erfühlen, erfassen kann, hat dieser Gestank keine Realität, was den Geruchssinn zum klassischen Sinn des Ankommens macht. Wer etwas riecht, erschnuppert, mit den Härchen der eigenen Nase erfühlt hat, ist wirklich da. Gerüche bringen uns mehr in die Wirklichkeit als andere wahrnehmbare Phänomene, weshalb Ohnmächtigen auch starke Gerüche unter die Nase gehalten werden. Ich rieche, also bin ich da. Mein Gehirn verarbeitet Gerüche und kann sich orientieren.

Wie der Geruchssinn, so läßt sich auch das Gehör am besten verfeinern und intensivieren, wenn die Augen geschlossen sind. Fällt die besserwisserische Seh-Wahrnehmung und blitzschnelle Verarbeitung der Bilder durch das Hirn weg, weitet sich die akustische Wahrnehmung sofort. Das Gehör tastet die Umgebung ab. Je stiller es wird, um so weiter fahren die Antennenschüsselohren aus, entsprechend machen die Ohren zu, ignorieren also akustische Wahrnehmungen, je lauter es ist. Wir können Geräusche, Töne, Lärm nie wirklich ausschließen, aber die akustische Wahrnehmung im Hirn behilft sich durch Ausblenden der akustischen Signale, die stören. Weshalb Töne, besonders feine Töne, oft verlorengehen, wenn die anderen Sinne stärker beansprucht sind. Um das Gehör zu schulen, Geräusche definieren zu lernen und daraus ein Realitätsmuster zu weben, ist es also gut, die Augen zu schließen und das Hirn anzuregen, Bilder, Impulse, Erfahrungen, Erinnerungen zu dem Gehörten herauszugeben – ein wunderbares Erlebnis.

Auch der Geschmackssinn profitiert davon, wenn die Augen geschlossen sind. Je weniger verschiedenartiger Impulse das Hirn verarbeiten muß, um so tiefer können Gerüche und Geschmack, Geräusche einsinken und sich verankern. Ein Geruch oder der Geschmack auf der Zunge erzeugt nicht nur Gegenwart, Da-Sein, sondern kann auch Erinnerungen an Erlebtes intensiv zurückholen.

Tief in den Körper zu atmen, alle Sinne zu aktivieren und sie abzufragen und dabei fest mit beiden Füßen am Boden zu stehen bringt den Augenblick ins Bewußtsein, stellt alle Rezeptionsorgane und die Verarbeitung aller Impulse auf Ankommen ein. Wie manifestiert sich Angst im Körper, wie Wohlbehagen? Welche Sinne sind angesprochen? Welche Impulse von außen nähren diese Gefühle?

Für mich ist Bamako, die Hauptstadt von Mali, das beste Beispiel dafür, wie ich an einem Ort sein kann, ohne ihn wirklich wahrzunehmen, oder an einem Ort ganz bewußt ankomme. Mein erster Besuch in Bamako war das Ende einer langen Wüstenfahrt. Bamako war für mich alles, was wir entbehrt hatten. Die Freunde, bei denen wir unser Zelt aufschlugen, hatten einen Swimmingpool. Es gab überall frisches Gemüse, Fleisch, Brochettes, Pommes frites, Obst in Hülle und Fülle zu kaufen. Bamako war für mich Paradies, Erholung, Genuß und Überfluß. Doch so sehr ich meinen Aufenthalt in der Stadt genoß – später konnte ich mich an die Stadt kaum erinnern. Der Marché Rose, dieser alte Markt, auf dem ich Perlen eingekauft hatte, war eigentlich die einzig farbige Erinnerung an ein Gebäude der Stadt. Ich hatte keine Ahnung, wie die Straßen verliefen, wo Hotels oder Fluggesellschaften lagen, weil ich nie selbst durch die Stadt fuhr oder gar lief, sondern mein Freund alles erledigte. Der Pool war herzförmig.

Mein zweiter Aufenthalt in Bamako war ein Fiasko, und noch ehe ich mich wirklich einleben konnte, schloß ich mich der Meinung fünfundneunzig Prozent aller Europäer und Amerikaner an, daß Bamako eine fiese, heruntergekommene, verslumte, laute, dreckige Boomtown ist. Ich war mit einem Fotografen für eine Reportage unterwegs und hatte massive Probleme mit ihm, die ich sofort auf die Stadt übertrug. Später erinnerte ich mich nur an laut hupende Autos, Abgase, Dreck, viel zu viele Menschen und vor allem an die Moskitos, die mir die zweite Malaria meines Lebens bescherten. Und trotzdem gab es etwas an Bamako, das mich faszinierte, vielleicht war es die Musik, die Präsenz der Frauen, die Gelassenheit bei all der Armut – ich begann, mich nach Bamako zu sehnen, und sei es nur, um die Stadt wirklich wahrzunehmen. Ihre Energie hatte sich schier gegen meinen Willen und ohne mein Bewußtsein in mir ausgebreitet.

Fast zehn Jahre später fuhr ich wieder hin. Jetzt waren alle meine Sinne geöffnet, ich war durch viele Reiseerfahrungen, durch Katastrophen, Strapazen und Ekstasen gegangen, hatte viele Reisen allein unternommen und die köstliche Energie des Alleinreisens erfahren. Ich kam an – da war das goldene Nachmittagslicht wieder, ja ich erinnerte mich. Wie hatte ich es überhaupt vergessen können? Die heiße Luft fegte an meiner Haut entlang, als der Taxifahrer viel zu schnell in die Stadt hineinjagte. Da war das kleine, schreckliche Hotel wieder, in dem ich mir die Malaria geholt hatte. Nur diesmal fühlte ich mich weit und frei. Von der Enge meines Zustandes auf der letzten Reise war nichts mehr zu spüren. Bamako war mir entgegengewachsen, jetzt stand ich da zwischen den blühenden Sträuchern im Gezwitscher der Vögel und dem Geschrei der Straßenhändler und ließ all diese Geräusche, die Abgase, den Duft des Eintopfs, der da irgendwo gekocht wurde, die Kinderstimmen auf mich einwirken, meine Zehen und Fersen drückten durch die weichen Sohlen meiner Mokassins in den Lehmboden. Die Zeit spielte keine Rolle mehr. Ich hatte keine Erwartungen, ich atmete. Tagelang lief ich durch die Stadt. Obwohl die Temperaturen immer bei etwa vierzig, manchmal sogar fünfundvierzig Grad lagen, fühlte ich mich wohl. Ich ging langsam, setzte mich, schloß die Augen. Ich ließ mir auf dem Fetischmarkt eine Rassel herstellen, und während ich wartete, daß die Fetischfrau die kleine Kalebassenrassel füllte, sog ich den Gestank der verwesenden Kleintiere, der frisch abgezogenen Häute und Felle ein. Ich ließ mich im Innenhof der Handwerksläden nieder und sah und hörte einem Trommellehrer zu, der kleinen Jungs trommeln beibrachte. Und jeder dieser Jungs tanzte mit einer Leichtigkeit über die Trommelhaut, daß sich mancher weiße Profi verkrochen hätte. Dieses Gespräch der Trommeln dauerte endlos. Es wurde dunkel, ich mochte nicht gehen. Eine Kora, ein traditionelles Saiteninstrument, kam dazu. Eine Frauenstimme, von ganz weit weg, die ein Lied sang und lachend abbrach. Hundebellen. Der Geruch von kleinen Holzfeuern lag in der Luft. Ich war da. Ein flüchtiger Gedanke an das Hotel, den Weg dorthin, den ich jetzt gut kannte. Stromausfall, Dunkelheit, sanfte heiße Abendluft, Mopeds, die ohne Licht fuhren, Trommeln, schnell, hell, leise, dann wieder laut und heftig, fragend, kräftige Antworten. Lachen. Die nackten Sohlen auf der Erde. Ameisen krochen über die Zehen, Schweiß rann unter den Brüsten zu Boden. Unter den Schenkeln wurde der Hosenstoff feucht. Der Atem ging mit den Trommeln und wurde wieder langsamer. Tiefes Aufatmen. Dann flammte im kleinen Laden schräg gegenüber eine Neonlampe auf, und der grüngestrichene Innenraum leuchtete fahl in die Nacht. Die Elektrizität kam zurück. Aus einigen Kassettenrecordern schepperte wieder Musik. Touré Kunda, live. Baaba Maal. Ich stand auf, wischte mir den Schweiß von der Stirn und wußte, jetzt bin ich da. Ich kenne die kleinen und die großen Straßen, das Regierungsviertel, das Ausländerviertel, die Hotels, den Markt, die Buden, die Cafés, ich wußte wo die besten Straßenköchinnen saßen und daß sie um elf Uhr vormittags ihre Sachen packten. Ich wußte, wo es die besten Mangos und Ananas gab. Ich kannte den Garten mit den süßesten Düften und das Haus,

aus dem die verführerischste Musik klang. Ich kannte die Marktfrauen mit dem schönsten Schmuck und die lustigsten Kinder. Meine Sinne öffneten sich dem staubigen Boden, der heißen Luft, dem gelben und roten Lehm, den bunten Farben, der Musik, dem Gestank, den Düften, meine Füße tanzten durch die nächtlichen Lokale mit den kleinen Tanzflächen und den Gärten, in denen die Paare sich umarmten. Meine Haut kannte die Haut und die Stoffe der Menschen, die ich berührte, die mich berührten, wenn ich durch den Markt ging, wenn ich tanzen ging, wenn ich in einem Buschtaxi fuhr. Ich dachte nicht vorwärts, nicht rückwärts. Ich nahm wahr. Ich war da.

Märchen –
eine schamanische Reise?

Der bekannte amerikanische Drehbuchautor und Berater von vielen Hollywoodregisseuren Tom Schlesinger erzählte mir, daß die Filme am erfolgreichsten seien, die nach dem alten schamanischen Einweihungsprinzip aufgebaut sind: die Fahrt der Heldin, des Helden aus dem Alltag, dem Vertrauten in die Unterwelt, das Einweihungserlebnis bzw. die Krise, die Rückkehr in die »normale« Welt und das Integrieren der durchlebten Erfahrungen in das eigene Leben. Von »Die sieben Samurai« über »Apocalypse now« oder »Pretty Woman« bis zu »Eyes Wide Shut« sind die großen Filme der Filmgeschichte nach diesem Muster entwickelt. Sich auf die Reise zu machen, um zur Essenz des eigenen Lebens zu finden, ist nicht nur ein altes mythisches Konzept. Dieses Bedürfnis taucht immer wieder in unserem ganz normalen, überschaubaren Alltag auf. Wer diese Reise zu sich selbst unternimmt, findet plötzlich in der Alltagsstruktur Kostbarkeiten, die vorher gar nicht wahrnehmbar waren.

Viele Märchen beschreiben den Weg zur ureigenen, zur magischen Kraft, zum Erwachsenwerden als

Reise mit vielen Hindernissen und Schwierigkeiten, die die Heldin oder den Helden initiiert wieder in den Alltag entläßt.

Die klassische Reise eines Helden in die Unterwelt, in die magische Einweihung, in das universelle Wissen, hat natürlich Prinz Siddhartha unternommen, der aus Reichtum und Geborgenheit in die Askese floh, die Askese hinter sich ließ und unter einem Baum meditierte, wo sich eine Kobra schützend über ihm ausbreitete, als ein Gewitter kam, der Rest ist Religionsgeschichte. Doch auch in den Mythen des mitteleuropäischen Raums gibt es viele Geschichten, die eine solche magische Reise beschreiben. Zwei davon will ich hier wiedergeben:

Der Mann in allen Farben

Ein Vater hatte drei Söhne. Als er starb, verteilte er sein Erbe. Die beiden ältesten Söhne bekamen das Geld, der jüngste bekam ein Gewand in allen Farben. Man könnte denken, er wäre darüber sauer gewesen, weil er nur so ein Narrengewand bekam, aber er war schließlich der Jüngste, und die Jüngsten sind in alten Erzählungen oft die »Närrischen«, magisch Begabten. Dieser Mann in allen Farben zog also aus, um sein Glück zu machen. Er begab sich auf eine Visionssuche. Da das Märchen in Frankreich spielt, ging er zuerst nach Südfrankreich und kam an eine Kreuzung. Eine Richtung wies nach Lyon, die andere ins Land des Hungers und des Durstes. Die Mehrzahl der »normalen« Reisenden wäre natürlich in Richtung Lyon gezogen, hätte sich dort ein Hotelzimmer genommen, und die Sache wäre erledigt gewesen. Nicht unser Mann in allen Farben. Er ging ins Land des Hungers und des Durstes, wo er an die vierzig Tage dahinwandern mußte und allerhand zu leiden hatte. Er überlebte das, weil er sich auf einer magischen Reise befand und wußte, daß es mehr zwischen Himmel und Erde gibt als Essen und Trinken. Dann hatte er seinen ersten Kontakt mit einem Unterweltswesen, einem Riesen mit einer Eisenstange, der ihn zu erschlagen drohte. Natürlich hatte er hier eine Prüfung seiner Lebenskraft zu bestehen, die er meisterte. Er rang den Riesen nieder und nahm ihm die Eisenstange ab. Der Riese lachte nur. Falls du denkst, daß deine Mühen hier ein Ende haben, dann irrst du dich, sagte er. Du wirst an eine Schlucht kommen, an der sich schon einige Leute aufhalten. Kümmere dich nicht um sie, bleib beherzt und geh deinen Weg, dann wird dir nichts passieren. Tatsächlich kam der Mann in allen Farben an diese Schlucht. Er sah auch die Leute, die sich berieten, die ihn mißtrauisch musterten, wie man den Neuankömmling in einem Eisenbahnabteil begutachtet, der die bereits gewonnene Vertrautheit stört. Sie machten Pläne und bezogen ihn mit ein: Am besten, wir springen alle zusammen runter in den Fluß und helfen uns gegenseitig, meinten sie. Der Mann in allen Farben schaute hinunter in den Fluß und sah, wie dort ein paar Menschen miteinander gegen das Ertrinken kämpften. Er zog sich aus, band sein Bündel auf den Rücken und sprang, so wie man ja auch allein ins Leben und in den Tod springt. Er schwamm mit kräftigen Zügen hinüber ans andere Ufer. Doch wo war er jetzt angekommen? Die Landschaft, zwar blühend und wunderschön, hatte etwas Unwirkliches. Er zog sich an, da sah er den Zwerg. »Mann in allen Farben«, sagte dieser, »ich werde dich jetzt an einen Ort bringen, wo du niemals Mangel leiden wirst.« Der Mann in allen Farben merkte jetzt erst, wie hungrig und durstig er war. Und er war müde. Also ging er mit. Er folgte dem Zwerg tief hinunter in die Unterwelt, wo sie schließlich bei einem Schloß ankamen. Als sich der Mann in allen Farben überlegte, ob das so eine gute Idee gewesen war, diesem ihm völlig unbekannten Zwerg zu vertrauen, war es schon zu spät. Der Zwerg war weg, und an einen Rückweg durch diesen steilen Felstunnel nach oben war nicht zu denken. Er richtete sich also in dem Schloß ein. Das Merkwürdige daran war, daß er keinen einzigen Menschen sah. Da waren jede Menge Hände, die ihm Essen brachten, sein Bett richteten

und jeden Wunsch erfüllten, aber Menschen sah er nicht. Es gab allerdings drei Pferde im Stall, ein weißes, ein rotbraunes und ein schwarzes, mit denen er sich schließlich anfreundete. Und eines Tages kam ein Adler, der sprechen konnte. Das war ihm nun wirklich ein Trost, denn jetzt konnte er sich wenigstens unterhalten. Dieser Adler konnte in die Welt der Menschen fliegen und erzählte dem Mann in allen Farben, was da oben so lief. Als er einmal wieder angeflogen kam, erzählte er von einem Turnier, das da stattfinden sollte, weil die jüngste Prinzessin einen Mann suchte und nur den heiraten wollte, der das Turnier gewann. Jetzt konnte sich der Mann in allen Farben nicht mehr beruhigen. Wie könnte er nur wieder in die Menschenwelt gelangen? Und vor allem: die Prinzessin gewinnen!
Eines Tages ging er in den Stall, und die Pferde bemerkten, daß er weinte. Da sagte das weiße Pferd: Ich kann dich einmal in die Menschenwelt tragen, aber nur, wenn du versprichst, mit mir wieder zurückzugehen. Klar, das versprach der Mann in allen Farben sofort, und als der Turniersonntag war, ritt er auf dem weißen Pferd hinauf zu den Menschen. Natürlich gewann er das Turnier, denn das Pferd war so schnell, daß die anderen erst auf der Hälfte der Strecke waren, als das weiße Pferd schon durchs Ziel eilte – und auch gleich wieder hinunter in die Unterwelt. Jetzt war der Mann in allen Far-

ben noch trübsinniger. Er hatte wieder etwas von der vertrauten Welt gesehen, gespürt und durfte doch nicht bleiben! Der Adler kam wieder und erzählte, daß noch einmal ein Turnier abgehalten werden sollte, weil der geheimnisvolle Reiter verschwunden war. Diesmal erbarmte sich das rotbraune Pferd, trug den Mann hinauf und gewann das Rennen, weil es so schnell war, daß die anderen Teilnehmer noch am Anfang der Strecke liefen, als es schon durchs Ziel und wieder in die Unterwelt eilte. Tränen! Kummer! Der Adler erzählte, daß ein drittes Rennen angesetzt war, und diesmal wollte das schwarze Pferd für den Mann in allen Farben einspringen. Ein Raunen ging durch die Menge, als der Mann in allen Farben auf dem schwarzen Roß heransprengte. Die anderen Teilnehmer liefen gerade los, als das schwarze Pferd schon wie der Wind durchs Ziel eilte – und geradewegs wieder in die Unterwelt. Jetzt begann eine schwere Zeit. Der Mann in allen Farben hatte seine Initiation abgeschlossen, er wollte nur noch weg, wollte die Prinzessin heiraten und wieder bei den Menschen leben, aber wie? Egal, wie viele Köstlichkeiten die Hände auftrugen, er mochte nichts mehr annehmen, denn irgendwie wurde ihm dieses Unterweltsessen, das ihn so leicht, so zufrieden, so glücklich gemacht hatte, langsam suspekt. Als er nur noch weinte und vor sich hin jammerte, hatte der Adler ein Einsehen. Er bot an, den Mann in allen Farben in die Welt der Menschen zu tragen, aber er trug ihm auf, so viel Fleisch mitzunehmen, wie er nur fassen konnte, denn es würde eine gefährliche Reise werden und er, der Adler, würde viel Fleisch brauchen. Der Mann in allen Farben packte Fleisch in rauhen Mengen ein, setzte sich auf den Adler, und los ging's. Alle Augenblicke schrie der Adler: »Fleisch«, und der Mann fütterte ihn. Als sie schon die Stadt mit den Türmen und Dächern sahen, war kein Fleisch mehr da. Sie drohten abzustürzen und elend zu verderben. Da schnitt sich der Mann in allen Farben ein Stück Fleisch aus seinem Schenkel und fütterte den Adler damit. Sie landeten sicher. Die Hochzeit mit dem zweiten Sieger war schon angesetzt, da kam der Mann in allen Farben daher. Die Prinzessin war natürlich nicht blöd. Sie wußte auch ohne magische Einweihung Bescheid, und sie wußte, daß das der Mann war, den sie haben wollte. Schwer zu finden, heutzutage, solche Liebhaber.

Die Gänsehirtin am Brunnen

Die Vorgänger der heutigen Politiker waren die mythischen Könige, und die waren auch schon nicht besonders ausgeschlafen. So ein König hatte drei Töchter. Als er mal besonders verunsichert war, wollte er von seinen Töchtern wissen, wie lieb sie ihn hätten. Die Älteste sagte: »Ich liebe dich wie die kostbarsten Steine.« Denn sie liebte Steine über alles. Das fand der König nachvollziehbar, und er war zufrieden. Die Zweitälteste sagte: »Ich liebe dich wie die kostbarsten Stoffe.« Denn sie war von Stoffen einfach hingerissen, und auch das gefiel dem König. Die Jüngste sagte: »Ich liebe dich wie Salz.« Der König, der unter Bluthochdruck litt und deshalb niemandem Salz gönnte, verlor die Fassung. Und es sind ja oft die banalen Alltagsdinge, die schamanische Reisen auslösen …

Er verbannte seine Tochter, doch die war auf ihren Vater nicht angewiesen, denn sie hatte eine gute Fee, und diese Fee schenkte ihr, daß sie Perlen weinte. Und als sie also weinte, fielen Perlen aus ihren Augen, und ihre Mutter sammelte sie, anstatt ihrer Tochter zu helfen, und legte sie in ein Kästchen. Die Tochter wanderte davon, ihrer magischen Einweihung entgegen. Sie kam in einen finsteren, tiefen Wald, wie es sie früher noch gab, und als sie nicht mehr aus noch ein wußte, traf sie auf eine alte Frau. Die war sehr freundlich und sagte, wenn sie ihr das Holz trage, so würde sie ihr schon weiterhelfen. Das Mädchen nahm sofort das Holz, und die beiden Frauen gingen durch den Wald, bis sie an eine Lichtung kamen. Diese alte Frau nun war die Fee des Mädchens und eine mächtige Unterweltsgöttin, vielleicht sogar die Holla persönlich. Sie hatte wohl diese ganze Situation arrangiert, um dem König mal zu zeigen, was wirkliche Macht ist. Sie ließ nämlich im ganzen Königreich das Salz verschwinden. Anfangs war das nicht so schlimm, mit der Zeit wurde das Volk jedoch ziemlich wütend, niemand wollte auf Salz verzichten, man merkte, daß es lebensnotwendig war, und nun mußte man es teuer von Nachbarländern kaufen. Der König merkte schon bald seinen Fehler und bereute ihn, aber jetzt war's zu spät.

Jedenfalls nahm die weise Frau das Mädchen in die Lehre und brachte ihr bei, wie man Gänse hütet. Da könnte man jetzt leicht denken: Das kann doch jeder. Weit gefehlt. Da Gänse die Hüterinnen der Unterwelt sind und über allerhand Wissen verfügen, ist Gänsehüten eine aufregende, riskante und zutiefst magische Tätigkeit. Das Mädchen lernte praktisch alles, was es außer Perlen weinen konnte, von den Gänsen und der alten Frau, die es bald Großmutter nannte. Am Abend holte es Wasser, und dann kochten die beiden sich etwas Gutes, und die alte Frau zeigte ihr, wie man Holz ansprechen muß, damit es auf den Rücken springt, und wie man Licht ruft, damit es im Wald nicht so dunkel ist, und dergleichen mehr. Sie lehrte das Mädchen, wie löchrige Gefäße magisch abgedichtet werden, wie Wind gerufen, Feuer gelockt wird. Lauter nützliche Dinge. Dem Mädchen ging es so gut, daß es nie weinte. Keine Perlen!

Eines Tages verlief sich ein junger Mann im Wald. Die alte Frau fand ihn. Sie wußte, der kam aus der Zukunft dieser jungen Prinzessin hier. »Hilf mir«, sagte er. »Ich habe mich verirrt.« »Kein Problem«, sagte die Alte. »Ich bin nur so müde, und du mußt mich zu meinem Häuschen tragen, dann helfe ich dir.« Das kann ja nicht so schwer sein, dachte der Prinz, die Alte, die wiegt doch nichts, so dürr, wie sie ist. Er beugte sich also vor, sie sprang ihm auf den Rücken, und er trug sie. Doch je weiter er sie trug, um so schwerer wurde sie. Am Ende kroch er schon fast auf allen vieren, und sie schlug ihm auf den Hintern und rief: »Schneller, schneller.« Sie hatte Spaß, und er mußte es einfach ertragen. Das war nun seine persönliche magische Prüfung, und da mußte er durch. Weil er nicht von heute war, sondern von gestern, bestand er die Prüfung, obwohl es hart für ihn war.

Beim Häuschen der Alten sprang sie ganz munter ab und lief behende hinein. Er traute seinen Augen nicht: Am Brunnen stand eine junge Frau, unterhielt sich mit den Gänsen über den schönen Sonnenuntergang und wusch sich das Gesicht. Und als er nun dieses Gesicht sah, so jung und frisch und alt und wissend zugleich, wußte er, mit ihr oder keiner wollte er leben. Er sprach sie an. Sie war ganz unbefangen, aber plötzlich wurde sie traurig und fing an zu weinen. Der Mann bückte sich nach den Tränen – Perlen, tatsächlich. Er steckte eine ein. Er fragte, warum sie weinte, und sie erzählte ihm die ganze Geschichte.

Die alte Frau trug ihm auf, so schnell wie möglich nach Hause zu gehen, und als sie ihm den Weg wies, stellte sich heraus, daß es kaum eine Stunde zu gehen war.

Er zögerte gar nicht lang und machte sich auf die Reise zum Vater der jungen Frau. Als er dort seine Geschichte erzählte und die Perle zeigte, fielen ihm der König und die Königin um den Hals. Sie machten sich selbst auf den Weg und holten die Tochter wieder zurück.

Nun könnte man ja denken, warum ist sie denn nicht dort geblieben, wo es ihr so gut gefallen hatte? Bei einer schamanischen Reise ist es von größter Bedeutung, zurückzukehren und das erworbene Wissen im Alltagsleben anzuwenden. Welchen Sinn hätte sonst so eine Einweihung!

Mit der Prinzessin kam das Salz und das Glück zurück. Sie vergaß ihre Zeit in der Wildnis nie. Und wenn ihr das Leben an der Seite ihres Mannes zu langweilig wurde, kehrte sie für kurze Zeit in den Wald zu den Gänsen und der alten Frau zurück.

Glücklich reisen –
ein paar Vorschläge

🧳 Wenn du dir den Urlaub eigentlich nicht leisten kannst, wenn du mit dem letzten Geld (und der dazugehörigen Enge und Panik im Kopf) losfahren mußt, bleib lieber zu Hause. Schon deshalb, weil es bei den atemberaubend optimistisch kalkulierten Kosten nicht bleiben wird. Wer das ganze Jahr braucht, um den zwar verdienten, jedoch nicht bezahlbaren Urlaub zu verarbeiten, kann sich die Reise sparen.

Statt dessen kannst du mit dem Geld, das dich in ferne Länder tragen sollte, zu Hause ein paar ganz andere Vergnügungen ausprobieren. Und zwar das, was den Urlaub oft so wunderschön macht, die Sonnenuntergänge, die Spaziergänge an der frischen Luft, nachts einmal tanzen gehen, guten Wein trinken, mit Menschen sprechen, die du nicht kennst, etc.

🧳 Wenn alle um dich herum mit ihren ausgefallenen Urlaubsreisen prahlen, laß dich nicht verunsichern. Sie erzählen natürlich nur von den spektakulären Ereignissen und nicht von Frustrationen, Qualen, Ungeduld, Enttäuschungen. Sie sind nicht dein Maß. Mach eine Qualität daraus, daß du wegfährst oder dableibst, wie es für dich stimmt. Das Kostbarste, was du heutzutage haben kannst, ist eine eigene Meinung, einen eigenen Standpunkt. Diesen zu finden ist eine wunderbare Abenteuerreise in die Labyrinthe deiner Gedanken- und Erfahrungslandschaften, die überhaupt nichts kostet.

🧳 Reise niemals, um jemandem einen Gefallen zu tun, schon gar nicht, wenn diese Person die Reise für dich bezahlt. Denn das beinhaltet sogar, daß du für etwas, was für dich Zeit- und Kraftverlust bedeutet, auch noch dankbar sein mußt. Deine Lebenszeit ist kostbar. Daß sie auch köstlich wird, ist deine eigene Verantwortung. Du bist MeisterIn deines eigenen Seins.

🧳 Folge deinem Instinkt, wenn er dir von einer Reise abrät oder dich vor bestimmten Orten warnt – egal, was andere dir raten. Dieses alte Sensorensystem zu pflegen schützt dich vor schlechten Erfahrungen und stärkt dich in deinen Entscheidungen.

🧳 Wenn du schon unterwegs bist und Hindernisse tun sich auf, alles geht schief, die Zeit rennt davon, mach nicht den Fehler mitzuren-

nen. Bleib stehen und stell dich den Hindernissen. Gib dich dem Schlimmsten hin. Dann kannst du anfangen, den Rest zu retten.
In der Konfrontation mit Desastern und Katastrophen sammle deine Kräfte, deine Verbündeten, behalte einen klaren Kopf, hör auf zu strampeln. Denk an einen Teich, in dem jede Bewegung das Wasser aufwühlt und trübe macht. Entsteht jedoch Stille, kann der Schlamm wieder zu Boden sinken, das Wasser wird klar, Durchblick ist möglich. Ein einziger Tag Streß, Wut, Enttäuschung kann dir den Urlaub ruinieren, kann dich vielleicht sogar umbringen. Ein Tag voll heiterer Gelassenheit kann dein ganzes Leben verändern, kann dir die Macht über dein Leben in die Hand geben.

Laß dich von niemandem zu schnellen Entscheidungen drängen. Wer dich zu etwas mit dem Argument überreden will, die Zeit dränge, hat meistens vor, dich über den Tisch zu ziehen, dich zu überrumpeln, den eigenen Vorteil durchzusetzen. Es gibt nur sehr wenige Situationen, die Nachdenken und eine Tasse Tee trinken nicht erlauben. Das meine ich durchaus auch im übertragenen Sinn. Spontane Entscheidungen können wundervoll sein, wenn die Grundenergie stimmt. Gehen jedoch alle Alarmglocken an, gilt die alte und sehr weise Grundregel: Tu nur, was du absolut nicht lassen kannst.

Rechne von Anfang an mit dem Schlimmsten, bleib gleichzeitig offen für das Wunderbarste. Mit dem Schlimmsten zu rechnen heißt einfach, sich klarzumachen, daß alles passieren kann, und einzukalkulieren, welcher Art die Katastrophen sein können. Hast du alles durchgespielt und bist dennoch entschlossen zu reisen, weißt du, was auf dich zukommen kann. Es gibt nichts Grausameres, als sich die Reise vorher durch unheilvolle Mutmaßungen zu verderben. Andererseits gibt es ein Gefühl von Sicherheit zu wissen, welcher Art die Gefahren oder Schwierigkeiten sein können, und beherzt darauf zuzugehen. Das setzt gute Vorbereitungen und eine Art Urvertrauen voraus. Urvertrauen gewinnt man durch ein paar Einsichten:
– Nimm dich und deine Unpäßlichkeiten nicht so wichtig.
– Ehre und achte dich selbst und deine Intuition.
– Ehre und achte die Menschen, denen du begegnest.
– Vertrau darauf, daß dir Hilfe zuteil wird, wenn du Hilfe brauchst.
– Wenn du betrogen wirst, sage dir, daß das eine durchaus menschliche Eigenschaft ist, und rufe dir in Erinnerung, wann du wen belogen und betrogen hast. Dann laß Verständnis und Heiterkeit aufsteigen und fühle dich geborgen im Netz menschlicher Unzulänglichkeiten.

Eine Katastrophe wird dich jetzt nicht mehr kalt erwischen. Jede freudige Überraschung wird dir einen kleinen Endorphinschub verpassen.

Wenn du in ein armes Land fährst, ist es keine gute Idee, die romantischen Hochglanzfotos aus entsprechenden Bildbänden vorher schwärmerisch anzuschauen, denn die zeigen nur Ausschnitte des Landes oder des Ortes, die ästhetisch und präsentabel sind. Auf ihnen siehst du den Gestank nicht, der entsteht, wenn Fäkalien und Müll sich mit dem urigen Lehmboden eines Dorfes verbinden, auf ihnen hörst du die Mücken nicht surren, die dich stechen werden. Diese Eindrücke kannst du nur rekonstruieren, wenn du dir die Folge von »romantischer Einfachheit und Erdverbundenheit« klarmachst. Ein erhabener Achttausenderberggipfel vermittelt dir nicht die Atemnot, die du haben wirst, wenn du da stehst, wo der Fotograf stand, als er das Foto machte. Was du vorher innerlich akzeptiert hast, wird dich nachher auf der Reise nicht umwerfen. Schmerz ist ein sehr individuelles Phänomen. Wer damit umzugehen weiß, wer damit rechnet und vorher schon entschlossen ist, eventuelle Qualen einfach zu ertragen, fühlt später nicht Wut und Enttäuschung, weil er/sie »betrogen« wurde. Laß dir auch mal die Verwunderung der Einheimischen in sogenannten Dritte-Welt-Ländern durch den Kopf gehen, warum privilegierte Menschen ausgerechnet hierher fahren wollen. Einfachheit ist für Angehörige der »westlich-zivilisierten« Welt nicht selten die Qual, aus der »Fortschritt« forciert wurde. Wenn du dir nicht vorstellen kannst, wie sich eine Lastwagenfahrt auf Pisten, eine Trekkingtour tatsächlich anfühlt, kannst du ja mal ein Wochenende zu Hause üben. Schlafe eine regnerische Nacht im Freien, fahre auf der Ladefläche eines Lastwagens mit oder wandere vierzig Kilometer durch irgendeine Landschaft, um ein Gefühl dafür zu entwickeln. Einem Traum zu folgen heißt, alles zu akzeptieren, was dieser Traum mit sich bringt, und die Schwierigkeiten als eine Art Einweihung zu akzeptieren, für die du niemanden verantwortlich machen kannst.

Bleibe eigenmächtig, und wenn du nicht weißt, was das ist, werde eigenmächtig: lerne, deinem Gefühl wieder zu trauen, und steh dazu. Niemand kann es dir ausreden. Auf vielen Gruppenreisen hat Eigenmacht keinen Raum. Du wirst oft gegen dein Gefühl handeln müssen. Hältst du das aus? Es wird dir nicht viel helfen, wenn du dir selbst sagst, andere halten das auch aus, haben das ausgehalten. Du bist der Maßstab für das, was du erträgst, wünschst, forderst. Eigenmacht heißt nicht Egoismus. Wer ganz bei sich ist, kann andere überhaupt erst wahrnehmen und spüren, auf sie einsteigen. Wer immer von anderen gesteuert wird, leidet Mangel und wird irgendwann unangenehm. Schließlich muß die gestaute Energie doch abfließen. Wenn jeder für sich selbst sorgt, ist für alle gesorgt. Die stabilsten Gemeinschaften, auch Reisegemeinschaften, sind jene, in denen die TeilnehmerInnen eigenverantwortlich sind.

🧳 Bleib heiter und beherzt. Jammern ist unkreativ und verstärkt den Druck. Außerdem hat Jammern und Klagen die Macht eines Mantras: Was immer wiederholt wird, verstärkt sich. Was immer gerufen, beschworen wird, kommt auch. Wenn die Situation unerträglich wird, steig aus.

🧳 Solltest du dich entschließen, allein zu reisen, nimm diese Gelegenheit wahr, dich selbst kennenzulernen. Allein reisen ist immer auch eine Initiation in die eigene Kraft, in unbekannte Dimensionen deiner Persönlichkeit, in nie erlebte Schwächen und Stärken. Geh liebevoll mit eigenen Unsicherheiten und Fehlern um, lerne, dir selbst zu verzeihen. Am meisten lernst du an dem, was schiefgegangen ist, was du nicht bewältigen konntest.

🧳 Treten Katastrophen auf, erinnere dich daran, daß das Wort »irreversible Ereignisse« beinhaltet. Es ist nicht zu ändern. Sich darüber zu ärgern, sich immer weiter in Wut und Enttäuschung hineinzusteigern, macht die Sache nicht besser. Das nimmt dir höchstens die Fähigkeit, klar zu denken und weitere Fehler zu vermeiden. Wenn das Schlimmste eintrifft, ist Hingabe angesagt. In dieser Hingabe machst du ungeahnte Lernprozesse, die dich weiterbringen als alle deine Gewohnheiten, als alles, was du kennst und bewältigst. Am meisten wirst du ohnehin aus Fehlern lernen. Was gut läuft, prägt sich nicht ein, aber jede Niederlage, jede falsche Einschätzung bleibt lebendig im Gedächtnis. Sei dafür dankbar. Achte auch die Menschen, die dich an deine Grenzen bringen. Was du von ihnen lernen kannst, mußt du nicht mehr in teuren Kursen erarbeiten.

Ängste sind klare Wegweiser zu den weißen Flecken auf deiner Seelenlandkarte. Laß die Angst zu. Mach dich verletzlich, und erkenne an, daß dein System diese Warnsignale als Vorschlag zur Klärung einer Situation durchgibt. Kläre den Realitätsbezug dieser Ängste ab. Daß alte Menschen am meisten Angst vor Mord haben, ist statistisch gesehen zum Beispiel völlig unrealistisch, weil die meisten Morde in einer Bevölkerungsgruppe geschehen, die zwischen zwanzig und fünfunddreißig ist und die meisten Mörder und Mordopfer sich kennen. Wozu sich also für eine Angst die unwahrscheinlichste Situation aussuchen! Dann kann man genausogut warten, bis es vielleicht in dieser statistischen Unwahrscheinlichkeit tatsächlich geschieht. Die Gelassenheit, die aus solchen Gedanken entsteht, hilft, die Situation vielleicht zu entschärfen. Je krampfhafter man seine Habseligkeiten festhält und sichert, um so aufmerksamer werden Diebe. Je sorgloser man mit seinem Besitz umgeht, um so weniger Aufmerksamkeit erregt man. Sorglos umgehen kann man mit Wertsachen aber nur, wenn man sich in den Gedanken ergeben hat, daß man natürlich auf einen Schlag alles verlieren kann. Wir werden alle alles verlieren, wenn wir sterben, wozu sich also aufregen, wenn das vorher mal geschieht? Es könnte ja sein, daß da eine Besitzverschiebung stattfindet, die universell gesehen durchaus akzeptabel ist, daß Geld dorthin fließt, wo es nötig gebraucht wird.

Wer in arme Länder reist, muß vielleicht solche Verschiebungen mit einkalkulieren, wissend, daß er/sie immer reicher sein wird als die Menschen dort, auch wenn das individuelle Gefühl gerade Armut signalisiert. Oft entdeckt man erst in einer persönlichen Notlage die Hilfsbereitschaft anderer Menschen – eine sehr beglückende Erfahrung, die mit Geld nicht zu kaufen ist.

Je mehr Luxusgegenstände und Statussymbole jemand auf Reisen mitnimmt, um so mehr Neid erregt diese Person natürlich. Reisende der reichen Länder sind für BewohnerInnen der armen Länder immer auch Erinnerung an unerfüllte Wünsche und Sehnsüchte, die durch eben jene Menschen überhaupt erst eingepflanzt wurden. Wir reisen in arme Länder, weil wir die Annehmlichkeiten des »Fortschritts« mit der Romantik armer Länder verbinden wollen. Dasselbe wollen die Menschen vielleicht auch, denen wir dort begegnen. Wir sind auch für alles verantwortlich, was wir durch unser Reisen auslösen.

Die beste Reisevorbereitung ist Gelassenheitstraining. Auch der Alltag steckt voller Hindernisse, an denen sich entspannte Heiterkeit gut ausprobieren läßt. Entspannungsübungen tun nicht nur auf Reisen gut. Wenn du dich auch noch in der stressigsten Situation hinsetzen oder hinlegen kannst, alles von dir abfließen läßt, deine Muskeln lockerst, ruhig und gleichmäßig atmest und in tiefe Entspannung gleitest, kannst du dir viele Stunden Schlaf sparen, was sich bewährt, wenn die Gelegenheit zum Schlafen mal nicht gegeben ist. Aktive kurze Entspannung ist für den Körper so erholsam wie Schlaf. Sich Sorgen über zuwenig Schlaf zu machen ist natürlich völlig unproduktiv und noch anstrengender. Die ständige Unruhe über den eigenen Nachtschlaf, dieser Mythos des gesunden Schlafs, die ängstliche Forderung an sich selbst, schlafen zu können, ist natürlich ein Zivilisationsphänomen. Schlaf, wenn du kannst. Wenn nicht, entspanne dich.

Berechne in deiner Reisekasse zwei Reserven mit ein: die eine für bedürftige Menschen in dem Land, das du bereist, die andere für die Rückkehr.

Sei bereit, etwas von deinem Geld mit Menschen zu teilen, die es nötiger haben als du, und wäge genau ab, was du mit diesem Geld tust. Gib es nicht Kindern, die vielleicht verstümmelt werden, um mehr Mitleid zu erregen, oder die durch Betteln vielleicht mehr Geld verdienen als ihre Eltern durch Arbeit und die aufgrund ihrer Bettelei vielleicht nie etwas lernen, weil es sich finanziell für sie nicht lohnt. Kindern Geld zu geben korrumpiert sie. Kindern Süßigkeiten zu geben, schadet ihrer Gesundheit. Gib dort, wo Einheimische geben. Gib es für ein Projekt, das du sinnvoll findest und vor Ort sehen kannst. Vielleicht kannst du einer Familie helfen, sich eine Existenz aufzubauen – dafür braucht es in armen Ländern erstaunlich wenig Geld, manchmal ist es soviel, wie eine teure Sonnenbrille oder eine Sportausrüstung für deinen Urlaub kosten. Gib es Frauen, die in fast jedem Land der Welt am schlechtesten gestellt sind. Sinnvoll ist es immer auch, Hebammen und Dorfkrankenschwestern zu unterstützen. Da kann wenig Geld wahre Wunder bewirken und manchmal über Leben und Tod eines Menschen entscheiden. Der Reichtum, den wir in arme Länder tragen, fordert den vollen sportlichen Einsatz mancher Einheimischer heraus, diesen Reichtum umzuverteilen. Also reg dich nicht auf, wenn du mal betrogen wirst. Ich bin davon überzeugt, daß man für jedes Land eine Art Eintrittsgeld bezahlt. Was man nicht freiwillig gibt, verliert man, oder es wird geklaut oder abgezockt. Die Rücklage für deine Rückkehr gibt dir das schöne Gefühl, daß du nicht völlig blank bist, wenn du nach Hause kommst, daß du nicht bis zum äußersten Ende deiner Möglichkeiten gegangen bist, daß du noch etwas zur Verfügung hast, wenn du deine gesamten Reisemittel ausgegeben hast.

Teile unterwegs auf Reisen keine Antibiotika aus. Der sorglose, unerfahrene Umgang mit Antibiotika hat dazu geführt, daß weltweit fast alle Bakterien dagegen immun geworden sind, und bei Viruserkrankungen helfen sie sowieso nichts, was die Menschen, denen du begegnest, jedoch nicht wissen können (du selbst vielleicht auch nicht weißt). Wenn du sehr wirksame Medikamente herschenken willst, gib sie einer Klinik. Wenn du dich unbedingt als HeilerIn profilieren willst, nimm Naturheilmittel mit, Salben, Tinkturen, die eine erkrankte Person auch dann nicht umbringen, wenn sie falsch angewendet werden.

Verzichte darauf, dich als glorreiche/r VertreterIn des Fortschritts zu präsentieren. Unsere Kultur hat viele Probleme geschaffen, die nicht mal in den Alpträumen der Menschen armer Länder vorkommen. Lerne statt dessen den Reichtum ihrer Kultur kennen. Bleib demütig im besten Sinn.

Wenn du es irgendwie einrichten kannst, reise gegen den Strom und außerhalb der gängigen Reisezeiten. Überall auf der Welt verändert sich die Energie eines Ortes, der von Massen traktiert wird. Gegen den Strom zu reisen kann auch bedeuten, an einem ganz normalen Wochentag eine kleine Reise in die eigene Umgebung zu unternehmen und diese so auf neue Art kennenzulernen, mit diesem Urlaubsgefühl eben. Sich dafür einen Tag Urlaub zu nehmen ist eine beglückende Erfahrung.

Wallfahrten und Reisen zu mythischen oder frühgeschichtlichen Orten öffnen neue Zugänge zur Landkarte der Traumzeit. Auf so einer Reise wird jede Begegnung zur Einweihung in eine nie erfahrene Kraft. Achte auf Dinge, die du findest, und spiel damit, zufällige Funde, Zahlen oder Worte, die dir auffallen, für dich zu deuten. Auch Entdeckungsreisen bringen diesen spielerischen Spaß. Kräuter oder Mineralien zu suchen, Bäume, Tiere oder Pflanzen einer Landschaft zu entdecken erweitert deine Fähigkeit, dich mit anderen Wesen zu verbinden, zu verbünden. Frühgeschichtliche Denkmäler, Steinkreise, Heilquellen, Wallfahrtskapellen und dergleichen sind auf Wanderkarten eingezeichnet.

🧳 Wenn du gewöhnt bist, Reisen bis ins Detail zu planen, fahre los und laß dich von deiner Intuition führen. Nicht immer kommen dabei spektakuläre Ergebnisse heraus, aber denk daran, daß es darauf überhaupt nicht ankommt. Werde einfach genauer in deiner Wahrnehmung, laß dich vom Gefundenen beglücken, erwarte nichts und genieße, was dir zufällt.

🧳 Sei neugierig, laß dich jedoch nicht überfordern und überfordere dich auch selbst nicht durch unnötigen Ehrgeiz oder Leistungsdenken. Lerne, umzukehren oder eine Erfahrung abzubrechen, wenn sie dir nicht guttut. Genieße das Gefühl, das entsteht, wenn du auf dich hörst und dir selbst guttust, anstatt das immer als Angebot von außen einzufordern.

🧳 Bleib im Augenblick, atme, registriere deine Gefühle, die Ereignisse und entscheide dich jeden Moment neu, was zu tun ist. Laß fallen, was hinter dir liegt, und konfrontiere dich mit dem, was gerade auf dich zukommt.

🧳 Fast genauso stark wie Wallfahrten zu starken Plätzen sind Wallfahrten zu sich selbst. Ich mache das so: Ich setze mich in ein Auto (ein gemietetes, ich habe kein eigenes Auto mehr, weil ich das irgendwie vorsintflutlich finde), schiebe meine Lieblingskassette in den Recorder und drehe ihn auf volle Lautstärke, zünde mir eine Zigarette an (Rauch für die Geister), singe mit, fahre langsam und lasse die Zeit auf meiner Haut tanzen, am liebsten nachts. Vielleicht fahre ich die ganze Nacht durch und frühstücke dann dort, wo ich ankomme, vielleicht in Italien, in einer Bar, die so aussieht, als müsse man sie mit einem Büchsenöffner aufschneiden, am liebsten Espresso und eine Brioche.

Dreizehn meiner Lieblingsreiseziele

Kailash, Tibet

Zugegeben, es ist schwer, bis zum Kailash zu gelangen. Die Reise ist teuer und weit, man braucht jede Menge Zeit und weiß dann nicht, ob man die Höhe verträgt, denn das kann sich leider völlig unberechenbar bei jedem Aufenthalt über viertausend Meter ändern. Für Buddhisten und Hindus ist der Kailash, genau wie für mich, der Mittelpunkt der Welt. Als ich zu seinen Füßen erwachte, hörte ich diesen starken, tiefen Ton, als summe die Erde hier aus ihrer Tiefe heraus. Von diesem Ton wurde ich um den ganzen Berg herumgetragen. Die Rabenköpfige und die Löwenköpfige, zwei Berggöttinnen, bewachen den heiligen Berg. Der höchste Punkt der Umrundung ist der Göttin Dölma geweiht. Sie ist die vorbuddhistische Mutter aller Wesen, die dann von der buddhistischen Tara abgelöst wurde. Eine Umrundung des Kailash bringt Heiterkeit und Weite in die Seele, in den Traumkörper. Mag auch Darchen noch so profan und heruntergekommen sein, dieses Pilgerdorf ist Ausgangspunkt und Endpunkt einer spirituellen Reinigung, prüft die Reisenden, zwingt sie zur Aufgabe ihrer Erwartungen und ruft mir immer wieder in Erinnerung, daß das Heilige und der Dreck nebeneinander existieren, auch in mir.

Ahornboden, Bayern

In diesem Gebiet entspringt die Isar, hier ist die Quelle meiner Kraft, hier lade ich mich mit Energie auf, und hier feiere ich die Macht der Natur. Natürlich verrate ich jetzt nicht, wo genau mein Medizinplatz ist, doch in diesem Tal am Fuß des Karwendel ist so viel Power, daß man schon sehr abgewirtschaftet sein muß, um sie nicht zu spüren. Schön ist auch die Nähe zu den grauenhaften Abstürzen des Bus-Tourismus: Zwei Hotels ziehen den ganzen Sommer über vor allem ältere Menschen an, die gern die Berge sehen und spüren wollen, aber nicht mehr so beweglich sind. Das hat im Sommer tagsüber heftigen Auto- und Busverkehr zur Folge. Kaum verzieht man sich in ein Seitental, hinter einen Berg, kann man sich kaum noch vorstellen, daß es noch andere Menschen hier gibt. Wie so oft an Kraftorten ist Einsamkeit, Stille, Energie eine Frage des antizyklischen Reisens. Es reicht, zu anderen Tageszeiten oder eben zu anderen Jahreszeiten als die Massen dort zu sein, schon wird die Kraft spürbar.

Badlands, South Dakota, USA

Ich bin von Blitzen fasziniert, und deshalb ist einer der stärksten Kraftplätze für mich die Pineridge Reservation mit den Badlands, uraltes Kultgebiet der Lakota, wo die Donnerwesen ihre Power an die Menschen weitergeben. Hier haben die Blitze eine eigene Sprache, und wer es aushält, kann genug Elektrizität für ein ganzes Leben tanken. Das Land ist aufgeladen mit der Macht alter Rituale, mit der Gewalt gegen die UreinwohnerInnen. Hier ist eine Nahtstelle zwischen den Welten, ein Übertrittsort in die Landkarte der Traumpfade. Eine Nacht in den Badlands zu verbringen, verschafft einen direkten Draht zu den Donnerwesen, die nicht lange fragen, wo man herkommt. Eher schon, was man mitbringt.
Und wer es bis hierher geschafft hat, kann eigentlich gleich noch zur Visionssuche zum Bear Butte ziehen, dem Visionsberg von Crazy Horse, einem der wenigen Lakotachiefs, die sich nicht vereinnahmen und auch nicht fotografieren ließen.

Zennor, Cornwall, England

Einer meiner ältesten Kraft- und Kultorte ist der Zennor Hill in Cornwall. Obwohl es dort keinen

Steinkreis, nicht einmal ein frühgeschichtliches Steindenkmal, keine heilige Quelle gibt, wie sonst überall in England und vor allem in Südengland, ist hier die Kraft der Erde, der Steine so stark, daß ich mich immer regeneriert und neu zusammengesetzt fühle, wenn ich mich auf diesem Hügel mit den uralten Steinen aufgehalten habe. Zu Füßen des Zennor Hill liegt das Dorf Wicca, ein alter Hinweis auf den englischen Hexenkult und darauf, daß magische Kräfte hier völlig selbstverständlich gelebt wurden und werden. Man hat einen wundervollen Blick über das ganze Land und spürt den Wind, das Meer, die starken Steine und die Sonne wie nirgendwo sonst.

Hampstead Heath, London, England

Londons Parks sind in ihrer Wildheit und Großzügigkeit ohnehin erstaunlich, aber Hampstead Heath ist für mich der schönste Park der Welt. Es gibt den Women's Pond, einen Weiher, in dem nur Frauen schwimmen, eine Wiese auf der sich nur Frauen sonnen dürfen (dasselbe gibt's dann natürlich auch für Männer). Es gibt ein Café Kendall House, in dem im Sommer auch Konzerte stattfinden, es gibt übersichtliche, zivilisierte Wiesen und

Hügel und versteckte, verwilderte Ecken, eine eisenhaltige Heilquelle und vor allem, was diesen Park zu meinem Kultplatz macht, es gibt den Hügel mit dem Grab der Königin Boadicea, die vor rund zweitausend Jahren gegen die Römer kämpfte und ein Heer aus Frauen, Bauern und Träumern aufstellte. Den ersten Kampf gewann sie und warf die Römer aus dem Land, den zweiten verlor sie und wurde getötet. Ihr Grab ist von Kiefern kreisförmig umrundet. Unterhaltungen mit ihr machen mutig.

Timbuktu, Mali, Westafrika

Kein Ort auf dieser Welt hat meine Phantasie ein Leben lang so beflügelt wie Timbuktu, kein Ort hält – auf den ersten Blick – so wenig, wie der Mythos versprochen hat. Die meisten BesucherInnen fliegen von Bamako oder Mopti aus mit einer kleinen Versorgungsmaschine dorthin, lassen sich einen Stempel von der Polizeistation in den Paß drücken und flüchten morgens um sechs wieder, wenn das Flugzeug umkehrt. Timbuktu ist schwer zu erreichen, während der Regenzeit kann man das Schiff nehmen. Der Ort hütet das Wissen arabischer, maurischer, moslemischer Traditionen. Die älteste, vermutlich auch die umfassendste Bibliothek der arabischen Welt ist hier zu Hause und wird immer noch gut gehütet. In Timbuktu liefen alle Handelswege der Tuareg zusammen. Außerhalb von Timbuktu wurden Tausende von Tuareg umgebracht. Heute ist die Oase der Erosion, dem Verfall, der zermalmenden Kraft des Sandes ausgesetzt. Die Wüste frißt sich immer weiter nach Süden. Der Zauber von Timbuktu liegt darin, daß diese Oase ein klassischer Geisterort ist. Hier haben die Menschen praktisch schon aufgegeben, ein Grund mehr für die Geister, Feste zu feiern. Wer sich mit ihnen gut anfreunden kann, wird hier aufgebaut wie nirgendwo sonst.

Abeokuta, Nigeria, Westafrika

In den Mythen der Yoruba Nigerias ist Abeokuta ein Ursprungsort, wo die Welt der Menschen erträumt wurde. Uralte Felsen erzählen von der mythischen Verwandtschaft zwischen Steinen und Menschen, wer über die Kluft zwischen den zwei heiligen Felsen springen kann, hat die Schwelle zum magischen Wissen überschritten und darf ein paar Felder weiterrücken im existentiellen Spiel zwischen Geistern und Menschen. Nigeria ist so wenig ein Reiseland, wie ein Glas Rizinusöl gegen den Durst hilft. Deshalb ist Abeokuta schwer zu erreichen, was nicht bedeutet, daß es sich nicht lohnt, die Schwierigkeiten auf sich zu nehmen. Wer etwas über die eigenen Ursprünge herausfinden will, wird in Abeokuta unerwartete Antworten finden.

Binntal, Schweiz

In der Schweiz einen Ort als besonderen Kraftplatz hervorzuheben ist eigentlich fast unmöglich, weil man von wilder, köstlicher Energie durchströmt wird, sobald man anfängt, in den Schweizer Bergen zu wandern. Wenn ich überlege, welcher Ort mir am meisten Kraft gegeben hat, tauchen das Onsernonetal, die Churfirsten, Trachsellauenen im Berner Oberland, der Lago di Tremorgio, das Juragebiet bei Sainte Ursanne und natürlich das Valsertal auf. Aber wenn ich überlege, wo die stärkste magische Kraft verborgen ist, gibt es für mich nur das Binntal. Im Dorf Binn steht dieser Schalenstein, der die Hände allein durch kurze Berührung auflädt. Der Weg hinauf zum Geißpfad, zum Maniboden, führt durch ein Netz von sirrenden Impulsen. Ich behaupte, hier ist eine direkte Energieverbindung zum All, die immer offen zu sein scheint. Unterwegs kommt man am Herzschlagstein vorbei, und es ist gut, zu zweit zu gehen, weil dann eine Person oben den aufliegenden Stein hin und her bewegen kann, und die andere kann unter dem großen Felsen sitzen und den Herzschlag der Felsen hören. Der Maniboden ist einer der großen Tranceorte, die ich kenne, abgesehen davon, daß sich die köstlichsten Mineralien finden lassen (und wer würde schon aus dem Körper der Erde Steine herausschlagen, das ist gar nicht nötig, denn Wasser, Gletscher und Stürme tun das ohnehin).

Belleville, Paris, Frankreich

Vielleicht liegt es ja daran, daß Belleville das Viertel war, in dem ich als vierzehnjähriges Mädchen zum ersten Mal in Paris landete, in einer schäbigen Unterkunft, in der hauptsächlich Algerier und Afrikaner wohnten, mit denen meine Schwester und ich uns bald wunderbar verstanden. Belleville, dieser Hügel, mit der Butte Chaumont, von der man über ganz Paris sehen kann, ist für mich das Herz von Paris. Von der Ile de France weht die Energie der frühgeschichtlichen Siedlungen und Spuren herüber, man spürt noch die Verbindung zur Natur, zu den Steinen, und gleichzeitig schlägt hier das multikulturelle Herz von Paris, afrikanische

Märkte und Geschäfte, französische Kneipen mit Akkordeonmusik, Discos, Galerien, billige Secondhandgeschäfte, schäbige Absteigen und Trendmodegeschäfte ziehen Yuppies, alte PariserInnen, AfrikanerInnen gleichermaßen an. Hier kann man zu einem afrikanischen Marabout oder zu einem französischen Hightecharzt gehen, hier kann man in holländischem Afrodesign herumlaufen oder Haute Couture tragen. Belleville ist für mich ein Ort der Kraft, die Menschen aller Kulturen erzeugen.

Untersberg, Österreich

Der Untersberg bei Salzburg, dieser Ayers Rock der Alpen, ist mein mächtigster Kraftplatz, meine Traumzeitmedizin, meine Seelenheimat. Hier wachsen die seltensten Pflanzen, die man sich nur denken kann. Der Berg ist von Dolinen, von Höhlen und Löchern durchsetzt. Mythen und Märchen ranken sich um den Berg, der ein Ahnenberg der alten Tradition ist. Die saligen Frauen, die weisen Frauen des Alpengebietes, sind hier zu Hause, und wer verweilt und alle Sinne öffnet, kann ihnen begegnen. Salzburg ist so nah, daß man bei entsprechender Windrichtung die Musik der Stadt hören kann. Diese Nahtstelle zwischen Zivilisation und Wildnis öffnet das Herz für neue Wunder. Wer nicht im Schlafsack zwischen den Felsen übernachten mag, kann auch ins Zeppezauer-Haus gehen, wo eine lustige Wirtin regiert.

Broadway, New York, USA

New York ist ohnehin das Dorado der Touristen aus aller Welt. Der Broadway, die einzige Straße von Manhattan, die sich schief durch die Stadt zieht, hat ganz besondere Kräfte, er wurde nämlich auf dem alten Jagd- und Geisterpfad der Algonkin gebaut. Diese Geisterkraft ist auch heute noch sehr lebendig. Wer glaubt, in New York könne man nicht auf Visionssuche gehen, sollte den Broadway vom Indianermuseum downtown bis ganz zum Ende in Harlem ablaufen und auf Zeichen achten. Kein Kraftplatz der Welt wirft so viele Fragen auf, wischt so viele Antworten weg!

Kalkutta, Indien

Nicht, daß Kalkutta als klassisches Reiseziel bezeichnet werden könnte! Grass und Pasolini fühlten sich von dieser wuchernden Stadt abgestoßen, und tatsächlich sind Armut und Tod unübersehbar in Kalkutta. Gleichzeitig ist Kalkutta eine Grenzstadt. Durch die Stadt zu wandern gleicht einer Wanderung zwischen Leben und Tod, zwischen Lebenslust und Verzweiflung. Das Leben wird intensiver wahrgenommen, der Tod springt unvermittelt ins Bewußtsein. Und natürlich gibt es hier den alten Tempel der Urgöttin Kali, Kalighat. Das Innerste ist nur Hindus zugänglich, doch die Tempelanlagen können auch von Nicht-Hindus besucht werden. Wer die tägliche Opferung einer schwarzen Ziege barbarisch findet, sollte sich vor Augen halten, daß in diesem Tempel die Aussätzigen, die Ärmsten der Armen täglich Nahrung erhalten. Auch die Spenden kommen ihnen zugute. Im Sinne einer magischen Einweihung gibt ein Besuch in Kalkutta die Möglichkeit zu einer Grenzüberschreitung zu den eigenen Hoffnungen, Ängsten, Leidenschaften und Ekstasen.

Saturnia, Italien

Hier an den heißen Schwefelquellen, in denen schon die Etrusker gebadet haben, kann ich mich erholen und regenerieren. Die liebliche Landschaft, das wunderbare Essen, der Wein und das heilende Wasser bauen mich in schwierigen Zeiten neu auf, energetisieren mich, und die alten Mythen, die über der Landschaft liegen, nähren meine Phantasie. Zudem liebe ich den Planeten Saturn, den ich zu Unrecht von Astrologen in die unheilvolle Ecke abgedrängt empfinde. Saturn-Energie ist zwar streng, aber auch klärend, aufbauend, heilend. So empfinde ich Saturnia als einen Ort der Reinigung, der Heilung.

Kraftorte erkennt man oft an den Hindernissen, die sich auftun, an der Irritation, aber auch den Glücksgefühlen, die entstehen, während man sich dort aufhält. Wer auf der Suche nach Kraftplätzen ist, sollte wenigstens zur Visionssuche allein losziehen, denn schon ein angeregtes Gespräch stört die Geisterfrequenz.

In allen Stammeskulturen ist es Brauch, den Geistern Geschenke mitzubringen, wenn man etwas von ihnen will. Idealerweise bringt man Tabak (Rauch ist ein Geisterreisemittel), Alkohol (spirit for the spirits), Getreide (Geisternahrung) oder bunte Bänder mit, die man an Bäumen befestigen kann, was die Bäume auch freut. Singen, trommeln oder rasseln sind gute Kommunikationsmittel. Notfalls kann man natürlich auch sprechen oder flüstern. Barfußlaufen kommt gut, weil die nackten Fußsohlen die suchende Person identifizieren und den Kontakt zur Erde herstellen. Hände und Finger können das natürlich auch. An einem starken Ort zu tanzen weckt besonders viel Kraft. Telepathischer Kontakt ist auch nicht zu vernachlässigen, der fällt auch nicht so auf, wenn der Ort belebt, die visionssuchende Person schüchtern ist.

Es ist zwar gut, von Orten zu erfahren, die eine besondere Kraft haben, noch besser ist es jedoch, die eigenen magischen Orte zu entdecken und sich ganz auf die eigene innere Landkarte einzulassen. Gönnen Sie sich selbst das Vergnügen, die Kraft eines Ortes ganz neu zu entdecken und diesen Platz zum ureigenen Kultplatz zu wählen.

400 S., ISBN 3-485-00811-7

Alexandra David-Néel
Mein Leben auf dem Dach der Welt

Die deutsche Erstveröffentlichung eines Kultbuchs

Alexandra David-Néels Reisetagebuch waren die Briefe an ihren Mann, die sie ihm bis zu seinem Tod 1940 aus der ganzen Welt schrieb.
Besonders faszinierend erscheint heute nicht nur, mit welch bescheidenen Mitteln sie gereist ist, sondern auch das Abenteuer und der Forscherdrang, die sie immer wieder ins Ungewisse trieben. Im Mittelpunkt steht ihr Aufenthalt in Kumbum und ihre Reise zu Fuß in die verbotene Stadt Lhasa.

nymphenburger

240 Seiten, ISBN 3-485-00838-9

Alexandra David-Néel

Unsterblichkeit und Wiedergeburt

Das Buch für Einsteiger ins fernöstliche Denken

Das geistige Vermächtnis einer der größten Kennerinnen Asiens. Ihr Buch ist nicht nur eine spannende Erkenntnisreise durch Taoismus, Hinduismus, Buddhismus und das tibetische Totenbuch, sondern es gibt auch konkrete Antworten auf die Grundfragen des Lebens.

nymphenburger

208 Seiten, ISBN 3-485-00813-3

Luisa Francia
Der untere Himmel

Frauen in eisigen Höhen

Schon viele Bergsteigerinnen standen auf den Gipfeln von Achttausendern, doch hört man selten von ihnen. Die Gipfelstürmerin Luisa Francia bietet einen spannenden Einblick in die Beweggründe von Frauen, die in die Todeszone steigen und alles riskieren.

nymphenburger

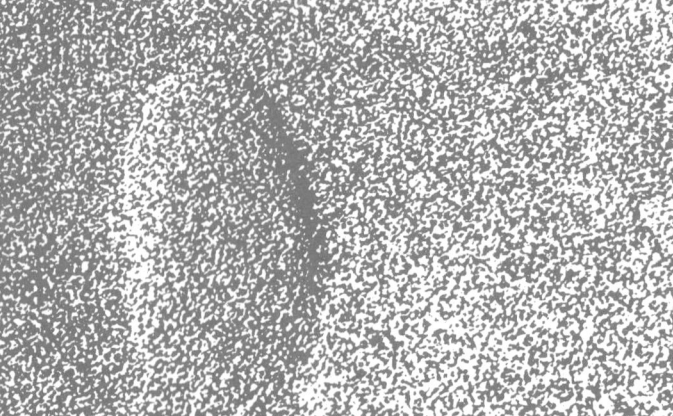